Menschen für neue Ideen gewinnen

Dennis Vogt

Menschen für neue Ideen gewinnen

Wie Sie neue Produkte und Geschäftsmodelle intern durchsetzen und zum
Markterfolg führen

Dennis Vogt
The Transformation Group AG
St. Gallen, Schweiz

ISBN 978-3-658-42302-5   ISBN 978-3-658-42303-2   (eBook)
https://doi.org/10.1007/978-3-658-42303-2

Die Deutsche Nationalbibliothek verzeichnet diese Publikation in der Deutschen Nationalbibliografie;
detaillierte bibliografische Daten sind im Internet über http://dnb.d-nb.de abrufbar.

© Der/die Herausgeber bzw. der/die Autor(en), exklusiv lizenziert an Springer Fachmedien Wiesbaden
GmbH, ein Teil von Springer Nature 2023

Planung/Lektorat: Rolf-Günther Hobbeling
Springer Gabler ist ein Imprint der eingetragenen Gesellschaft Springer Fachmedien Wiesbaden GmbH
und ist ein Teil von Springer Nature.
Die Anschrift der Gesellschaft ist: Abraham-Lincoln-Str. 46, 65189 Wiesbaden, Germany

Inhaltsverzeichnis

Über den Autor

Dr. Dennis Vogt ist Experte für die erfolgreiche Einführung von neuen Produkten und Geschäftsmodellen sowie für die Steigerung der Erfolgsrate von Innovationsprozessen. Er hat in den letzten Jahren zahlreiche Markt-Einführungen begleitet. Von Fahrzeug-Konzepten und Robotik-Anwendungen, über digitale Plattformen und Industrie-Lösungen, bis hin zu Kosmetika und Lebensmitteln. Er lehrt zusätzlich Marketing an der Universität St. Gallen.

Abbildungsverzeichnis

1

Einführung

Gute neue Ideen sind seit je her der Motor von Wirtschaft und Gesellschaft. Sie können Unternehmen und Menschen zu hohem Ansehen und großem finanziellen Erfolg verhelfen.

Wissenschaft und Praxis haben sich vor diesem Hintergrund bereits intensiv mit der Frage auseinandergesetzt, wie gute Ideen entwickelt werden. Dies hat umfassende Erkenntnisse rund um die Kreativität von Individuen und Organisationen hervorgebracht. Die daraus abgeleiteten Techniken der Ideengenerierung sind heute weitgehend verbreitet.

Ein origineller Einfall stellt jedoch nur einen Baustein dar. Die Gewinnung von Menschen als aktive Nutzer oder Unterstützer ist mindestens genauso wichtig. Am Ende des Tages liegt eine gute neue Idee nämlich nur dann vor, wenn Menschen sie auch tatsächlich als solche erkennen. Solange dies nicht der Fall ist, wird eine neue Idee niemals ihr Potential nur ansatzweise entfalten – auch wenn sie noch so genial und ausgeklügelt ist (vgl. Abb. 1.1).

Hier setzt das vorliegende Buch an und zeigt auf, wie man Menschen für neue Ideen gewinnen kann. Es ist das Ergebnis meiner jahrelangen Forschung an der Universität St. Gallen sowie der Begleitung der Markt-Einführungen von zahlreichen neuen Produkten und Geschäfts-

D. Vogt, *Menschen für neue Ideen gewinnen*, https://doi.org/10.1007/978-3-658-42303-2_1

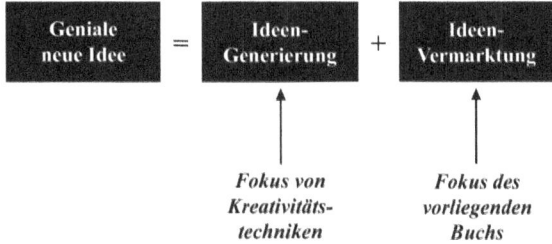

Abb. 1.1 Bausteine einer genialen neuen Idee

modellen. Von Fahrzeug-Konzepten und Robotik-Anwendungen, über digitale Plattformen und Industrie-Lösungen, bis hin zu Kosmetika und Lebensmitteln.

Im Zentrum stehen die folgenden Kapitel als Kernbausteine der Vermarktung neuer Ideen:

Kap. 2 „*Chancen von neuen Ideen steigern*" zeigt auf, worauf es bei der Ausgestaltung einer neuen Idee ankommt, um sicherzustellen, dass sie möglichst hohe Resonanz erzielt.

Kap. 3 „*Interesse für neue Ideen wecken*" zeigt auf, wie man mit einer neuen Idee hohe Aufmerksamkeit erzeugt und einen bleibenden Eindruck bei Menschen hinterlässt.

Kap. 4 „*Offenheit für neue Ideen schaffen*" zeigt auf, wie man Menschen optimal an eine neue Idee heranführt, sodass sie eine grundsätzlich positive Gesinnung weckt.

Kap. 5 „*Wert von neuen Ideen vermitteln*" zeigt auf, wie man den konkreten Mehrwert einer neuen Idee herausarbeitet, sodass sie besonders attraktiv und anziehend erscheint.

Kap. 6 „*Akzeptanz und Annahme von neuen Ideen herbeiführen*" zeigt auf, wie man Menschen dazu bewegt, auf eine neue Idee aktiv zuzugehen und sie zu nutzen bzw. zu unterstützen.

HINWEIS: Eine „neue Idee" bezeichnet im Kontext dieses Buches jegliche neuen Ansätze, Produkte, Leistungen oder auch Geschäftsmodelle, für die es gilt, Menschen zu gewinnen.

2

Schritt 1: Chancen von neuen Ideen steigern

Zusammenfassung Die Vermarktung einer neuen Idee fällt umso leichter, je einfacher ihre Kommunizierbarkeit und je höher ihre Resonanzfähigkeit ist. Vor diesem Hintergrund sollten wir bereits deutlich vor der tatsächlichen Vermarktung einer neuen Idee die richtigen Weichen stellen. In anderen Worten: wir sollten bei der Generierung und Ausgestaltung einer neuen Idee darauf achten, dass sie bei Menschen möglichst gut ankommt und dass wir sie gut vermitteln können. Dies beinhaltet drei zentrale Handlungsfelder, die wir berücksichtigen sollten: „Den Moment der Wahrheit im Blick haben" (Abschn. 2.1), „Das tatsächliche Problem finden" (Abschn. 2.2), „Die richtigen Menschen einbeziehen" (Abschn. 2.3).

2.1 Den Moment der Wahrheit im Blick haben

In den vergangenen zehn Jahren konnte ich zahlreiche Unternehmen bei der Einführung neuer Produkte und Leistungen begleiten. Den Startschuss stellte meistens ein Workshop mit allen relevanten

© Der/die Autor(en), exklusiv lizenziert an Springer Fachmedien Wiesbaden GmbH, ein Teil von Springer Nature 2023
D. Vogt, *Menschen für neue Ideen gewinnen*,
https://doi.org/10.1007/978-3-658-42303-2_2

Stakeholdern aus der Entwicklung, dem Marketing und dem Vertrieb dar. Die Einführung beinhaltete immer eine kurze Übung, die den Teamspirit und die Kreativität unter den Teilnehmern fördern sollte. Der Name der Übung: Marshmallow Challenge.

Das Briefing: In Gruppen von vier bis fünf Personen sollten die Teilnehmer eine möglichst hohe Konstruktion bauen. Hierfür erhielten sie 20 ungekochte Spaghetti, einen Meter Klebeband sowie ein großes Marshmallow. Die Aufgabe enthielt zwei zentrale Bedingungen. Erstens musste die Konstruktion freitragend sein. Zweitens musste das Marshmallow am Ende auf der Spitze der Konstruktion sitzen. Die Bearbeitungszeit betrug 18 min.

Die meisten Gruppen gingen nach dem gleichen Muster vor. Sie begutachteten erst die Spaghetti, das Klebeband und das Marshmallow. Als nächstes diskutierten sie mögliche Konstruktionen. Sobald sie eine Entscheidung getroffen hatten, starteten sie mit dem Bau.

Kurz vor Ablauf der Zeit kam schließlich der Moment der Wahrheit. Die Gruppen setzten das Marshmallow auf die Spitze ihrer Konstruktionen. Diese hielt in den meisten Fällen jedoch nicht stand. Das Marshmallow war zu schwer und die Arbeiten stürzten ein. Das Problem war immer das gleiche. Die Gruppen berücksichtigten den Moment der Wahrheit viel zu spät. Erst ganz am Ende brachten sie das Marshmallow in ihre Konstruktionen ein.

Viele neue Ideen scheitern auf die gleiche Weise. Nach langer Planung und Entwicklung fallen sie schließlich dem Moment der Wahrheit zum Opfer: der Markteinführung. Sie kommen nicht richtig an und brauchen sehr lange Zeit, bis sie an Fahrt gewinnen. In vielen Fällen verschwinden sie sogar wieder vollkommen in der Versenkung.

> Egal wie genial eine neue Idee ist und egal welchen Mehrwert sie stiftet, wenn sie kein echtes Interesse wecken kann und Menschen nicht wirklich begeistert, hat sie keine Chance.

Damit das gelingt, sollten wir nicht erst kurz vor der Markteinführung die Frage stellen, wie wir Menschen für eine neue Idee gewinnen können. Stattdessen sollten wir bereits möglichst früh an diese Aufgabe rangehen. Idealerweise bereits vor der tatsächlichen Entwicklung. Wir können auf diese Weise nicht nur mit genügend Vorlauf an die Markteinführung herangehen, sondern darüber hinaus auch sicherstellen, dass wir eine neue Idee so gestalten, dass wir sie im Zuge von Vermarktungsaktivitäten möglichst optimal vermitteln können.

Der eCommerce-Gigant Amazon verfolgt diesen Ansatz auf besonders konsequente Weise. Das Unternehmen hat hierzu den PR/FAQ Ansatz entwickelt. Er spielt eine zentrale Rolle bei der Generierung und Ausgestaltung von neuen Angeboten bei Amazon. Danach erfolgt die Erfassung neuer Ideen anhand eines kurzen Dokuments, das Ideen im Stil einer Medienmitteilung beschreibt (PR) sowie typische Fragen beantwortet, die Kunden zu den Ideen haben könnten (FAQ). Amazon fragt sich dadurch bereits bei der Generierung und Ausgestaltung von neuen Ideen, wie man im Zuge ihrer Markteinführung hohe Resonanz erzielen kann. Die Folge sind deutlich bessere Erfolgsaussichten (Bryar & Carr, 2021).

Zusammenfassend heißt das, dass wir den Moment der Wahrheit bereits weit vor der tatsächlichen Markteinführung von neuen Ideen im Blick haben sollten. Wir sollten uns von Anfang an die Frage stellen, wie wir Ideen generieren und ausgestalten können, sodass sie bei Menschen möglichst gut ankommen und wir sie einfach vermitteln können.

2.2 Das tatsächliche Problem finden

In den 1970er Jahren führten die Verhaltenswissenschaftler Mihaly Csikszenmihaliy und Jacob Getzels eine Studie mit Kunststudierenden zum Thema menschlicher Kreativität durch. Die Forscher statteten ein Atelier mit zwei großen Tischen aus. Auf einem der beiden Tische lagen 20 Objekte wie zum Beispiel eine kleine Statue, ein antikes Buch, ein poliertes Zahnrad oder ein großer Hut aus Samt. Der andere Tisch war vollkommen leer. Die Studierenden bekamen die Aufgabe, mit den Objekten eine Komposition zusammenzustellen und davon anschließend eine Zeichnung anzufertigen (Csikszenmihaliy & Getzels, 1971).

Die Ergebnisse zeigten, dass die Studierenden zwei unterschiedliche Herangehensweisen verfolgten. Eine Gruppe von Studierenden wählte zielgerichtet einige Objekte aus und stellte sie auf dem leeren

Tisch zu einer Komposition zusammen. Dann starteten sie mit dem Zeichnen – ohne viel Zeit zu verlieren. Die Forscher nannten diese Gruppe die Problem-Löser. Sie fragten sich: *„Wie kann ich ein gutes Bild malen?"* Eine zweite Gruppe ging anders an die Aufgabenstellung heran. Sie nahm sich deutlich mehr Zeit für die Zusammenstellung ihrer Komposition. Sie wählten einige Objekte aus, betrachteten sie aus verschiedenen Perspektiven und stellten sie auf dem leeren Tisch zusammen. Dann nahmen sie wieder einige Objekte weg und stellten neue Objekte hinzu. Erst als sie vollkommen zufrieden mit ihrer Komposition waren, starteten sie mit dem Zeichnen. Die Forscher nannten diese Gruppe von Studierenden die Problem-Finder. Diese setzten sich erst intensiv mit der Frage auseinander: *„Was für ein gutes Bild kann ich malen?"* (Csikszenmihaliy & Getzels, 1971).

Die Studie fand heraus, dass die Zeichnungen der Problem-Finder deutlich bessere Bewertungen von Kunst-Experten erhielten als die Zeichnungen der Problem-Löser.

Das Finden statt Lösen von Problemen spielt nicht nur eine wichtige Rolle im Bereich der Kunst, sondern kann auch über Erfolg und Misserfolg in der Geschäftswelt entscheiden.

Ein prominentes Beispiel war die Firma Burbn. Dahinter steckte eine Internet-Anwendung, die Nutzern zum Beispiel erlaubte, den eigenen Standort zu übermitteln, sich mit anderen zu verabreden sowie von überall Fotos mit Freunden und Bekannten zu teilen. Darüber hinaus beinhaltete Burbn eine Reihe von weiteren ortsbezogenen Funktionen. Der durchschlagende Erfolg blieb jedoch aus. Daran konnten auch verschiedene Verbesserungs- und Überarbeitungsrunden nichts ändern. Und so kamen die Gründer an einen Punkt, an dem sie den Nutzen ihres Programms grundsätzlich hinterfragten. Sie wechselten aus dem Problem-Löser-Modus, in dem sie Burbn mit Funktionen überhäuft hatten, in den Problem-Finder-Modus. Im Zentrum stand die Frage, welche Funktionen die Nutzer von Burbn regelmäßig in Anspruch nahmen und welche nicht. Die Gründer fanden dabei heraus, dass die Nutzer von den standortbezogenen Funktionen von Burbn kaum Gebrauch machten. Lediglich die Möglichkeit zum Teilen von Fotos erfreute sich großer Beliebtheit. Mit dieser Erkenntnis in der Tasche entfernten sie alle unnützen Funktionen und richteten ihre Lösung voll auf Fotos aus. Das Ergebnis war eine einfache App, die sie Instagram nannten. Der Rest ist Geschichte. In kurzer Zeit wurde die App zu einem der weltweit erfolgreichsten sozialen Netzwerke.

Dieses Beispiel zeigt, dass die Gründer von Instagram das Ruder noch einmal herumreißen konnten, indem sie aus dem Problem-Löser in den Problem-Finder Modus wechselten. Genau hieran scheitern jedoch viele innovative Vorhaben. Man nimmt sich ein scheinbar relevantes Problem vor und sucht eine Lösung. Wenn diese nicht auf die erhoffte Resonanz stößt, überarbeitet man die Lösung wieder und wieder, anstatt in den Problem-Finder Modus zu wechseln und erst einmal intensiv der Frage auf den Grund zu gehen, was überhaupt ein wirklich relevantes Problem ist. Durch das Verharren im Problem-Löser Modus ist der Misserfolg dann unausweichlich. Dies belegen auch zahlreiche Beispiele aus der Praxis.

Zusammenfassend heißt das, dass wir im Rahmen der Entwicklung und Vermarktung einer neuen Idee nicht zu sehr im Problem-Löser Modus verharren sollten. Stattdessen sollten wir regelmäßig in den Problem-Finder Modus wechseln und immer wieder die Frage stellen, ob wir an einem wirklich relevanten Problem arbeiten oder ob wir dieses noch finden müssen.

2.3 Die richtigen Menschen einbeziehen

Viele Unternehmen versuchen heute, ihre Zielgruppe aktiv in die Entwicklung neuer Ideen einzubeziehen. So möchten sie sicherstellen, dass später auch wirklich einen Mehrwert vorliegt. Leider ist der Input von Zielgruppen jedoch oft nicht besonders hilfreich. Den meisten fehlt die notwendige Vorstellungskraft und Weitsicht. Sie leben im Hier und Jetzt und können nur schwer einschätzen, wann neue Ideen Potenzial haben und wann nicht.

Wie können wir dieses Problem lösen? Der Schlüssel zum Erfolg liegt in der Selektion der richtigen Menschen in einer Zielgruppe. Die meisten Unternehmen begehen nämlich den Fehler und beziehen typische Vertreter von Zielgruppen in die Entwicklung neuer Ideen ein. In anderen Worten: die Durchschnittkunden bzw.

Ottonormalverbraucher. Unternehmen wollen dadurch eine hohe Repräsentativität sicherstellen, die idealerweise zu hoher Validität von Feedback von Zielgruppen führen soll. Tatsächlich beziehen sie auf diese Weise jedoch nur Menschen ein, die nicht wirklich einen wertvollen Beitrag leisten können. Ihnen fehlen hierzu schlicht die notwendigen Fähigkeiten.

Wissenschaftliche Erkenntnisse weisen vor diesem Hintergrund darauf hin, dass Unternehmen ganz gezielt eine bestimmte Art von Menschen in die Entwicklung neuer Ideen einbeziehen sollten. Sie heißen Emergent Natures. Dahinter stecken Menschen innerhalb einer Zielgruppe, die eine Reihe von besonderen Fähigkeiten auszeichnen. Sie verfügen einerseits über hohe Masse an Kreativität und Offenheit gegenüber allem Neuem. Sie haben andererseits eine lebhafte Vorstellungskraft und denken über Dinge aus verschiedenen Perspektiven nach. Darüber hinaus zeichnen Emergent Natures hohe Masse an Empathie und sozialer Intuition aus. Sie können aufgrund dieser Zusammensetzung an Eigenschaften wertvolles Feedback zu neuen Ideen geben. Dabei können sie auch aufzeigen, wie neue Ideen idealerweise auszugestalten sind, damit sie breiten Anklang finden (Hoffman et al., 2010).

Dies belegen auch verschiedene Studien aus der Innovationsforschung. Darin identifizierten Wissenschaftler Emergent Natures sowie Durchschnittskunden innerhalb einer Zielgruppe. Beide erhielten Informationen zu neuartigen Produktkonzepten, die sie weiterentwickeln sollten. Nachdem die zwei Gruppen ihre Aufgabe erfüllt hatten, ließen die Wissenschaftler die überarbeiteten Produktkonzepte bewerten. Die Ergebnisse zeigten, dass die Produktkonzepte der Emergent Natures auf deutlich positivere Resonanz stießen als die Produktkonzepte der Durchschnittskunden (Hoffman et al., 2010; Hami-Kidar et al., 2019).

Zusammenfassend heißt das, dass wir im Rahmen der Entwicklung und Vermarktung einer neuen Idee immer das Feedback der richtigen Menschen einholen sollten. Sie sollten erstens sehr kreativ denken können und offen für Neues sein. Sie sollten zweitens eine ausgeprägte Vorstellungskraft haben und die Dinge aus unterschiedlichen Perspektiven betrachten können. Sie sollten drittens hohe Masse an Empathie sowie sozialer Intuition an den Tag legen.

Literatur

Bryar, C., & Carr, B. (2021). *Working backwards: Insights, stories, and secrets from inside amazon*. Pan Macmillan.

Csikszentmihalyi, M., & Getzels, J. W. (1971). Discovery-oriented behavior and the originality of creative products: A study with artists. *Journal of personality and social psychology, 19*(1), 47.

Hamdi-Kidar, L., Keinz, P., Le Nagard, E., & Vernette, E. (2019). Comparing lead users to emergent-nature consumers as sources of innovation at early stages of new product development. *Journal of Product Innovation Management, 36*(5), 616–631.

Hoffman, D. L., Kopalle, P. K., & Novak, T. P. (2010). The „right" consumers for better concepts: Identifying consumers high in emergent nature to develop new product concepts. *Journal of Marketing Research, 47*(5), 854–865.

3

Schritt 2: Interesse für neue Ideen wecken

Zusammenfassung Den zweiten Schritt bei der Vermarktung einer neuen Idee stellt die Generierung von hohem Interesse bei Zielgruppen dar. Eine zentrale Rolle spielen dabei Ansätze, die hohe Aufmerksamkeit erzeugen, Menschen aufrütteln und einen bleibenden Eindruck hinterlassen.

Die folgenden Herangehensweisen können dabei helfen, mit einer neuen Idee in der heutigen informationsüberfluteten Welt zu Menschen durchzudringen und mit ihr Interesse zu wecken.

Herangehensweise	Beschreibung	Abschnitt
Einzigartigkeit aus-drücken	Einzigartige Merkmale und Eigen-schaften von neuen Ideen hervor-heben	Abschn. 3.1
Inkongruenzen heraus-arbeiten	Herausarbeitung von Brüchen einer neuen Idee mit bestehenden Alter-nativen	Abschn. 3.2
Atypisches Design nutzen	Nutzung eines atypischen Designs für die Darstellung einer neuen Idee	Abschn. 3.3
Aufregung erzeugen	Erzeugung von aufregenden Emotionen bei der Inszenierung einer neuen Idee	Abschn. 3.4

© Der/die Autor(en), exklusiv lizenziert an Springer Fachmedien Wiesbaden GmbH, **11** ein Teil von Springer Nature 2023 D. Vogt, *Menschen für neue Ideen gewinnen,* https://doi.org/10.1007/978-3-658-42303-2_3

Herangehensweise	Beschreibung	Abschnitt
Dynamik ausdrücken	Darstellung einer neuen Idee auf dynamische und lebhafte Weise	Abschn. 3.5
Mysterien aufbauen	Erzeugung eines Mysteriums um eine neue Idee durch den Aufbau eines Spannungsbogens	Abschn. 3.6
Zufälle hervorheben	Hervorhebung von Zufällen in der Entstehungsgeschichte einer neuen Idee	Abschn. 3.7
Autonomie zeigen	Bruch mit Regeln und Konventionen bei der Vermarktung einer neuen Idee	Abschn. 3.8
Rhetorische Figuren nutzen	Nutzung von rhetorischen Figuren wie z. B. Fragen in der Kommunikation einer neuen Idee	Abschn. 3.9
Prominenz sicherstellen	Hervorhebung von zentralen Bausteinen einer neuen Idee auf prominente Weise	Abschn. 3.10

3.1   Einzigartigkeit ausdrücken

Der Automobilhersteller Tesla stellte am 22 Juni 2022 die elektrische Limousine Model S vor. CEO Elon Musk fuhr in Fremont Kalifornien mit dem neuen Fahrzeug auf die Bühne. Er stieg gemeinsam mit vier Passagieren aus und sie öffneten den Kofferraum. Mehrere vollgepackte Taschen sowie zwei Kinder kamen zum Vorschein. Elon Musk wendete sich als nächstes ans Publikum und begann seine Präsentation. Da öffnete die Frontklappe des Autos und eine weitere Person mit Tasche stieg aus. Tesla demonstrierte mit dieser Inszenierung das große Volumen des Fahrzeugs auf einzigartige Weise. Dadurch generierte die Marke hohe Aufmerksamkeit und hinterließ beim Publikum einen besonders bleibenden Eindruck.

Tesla nutzte Einzigartigkeit nicht nur bei der Vorstellung neuer Fahrzeuge, sondern auch bei ihrer Gestaltung und Vermarktung. Das Model S erhielt zum Beispiel nicht nur einen Motor, wie herkömmliche Fahrzeuge, sondern sogar zwei Motoren. Einen an der Vorderachse und einen an der Hinterachse. Diese einzigartige Bauweise prägte in hohem Masse das Marketing des Model S. Die Webseite zum Fahrzeug wies zum Beispiel klar auf die beiden Motoren hin. Sie stachen in lebendigem Rot auf einer Abbildung hervor, die das Fahrgestell der Elektrolimousine zeigte. Tesla verfolgte einen ähnlichen Ansatz bei verschiedenen anderen Fahrzeugen der Marke, wie zum Beispiel dem elektrischen SUV Model X. Es erhielt einzigartige Flügeltüren sowie einen einzigartigen, sehr leistungsstarken Luftfilter mit *Bio Weapon Defense Mode*. Beide Features verhalfen dem Model X zu hoher Aufmerksamkeit.

Wie das Beispiel von Tesla zeigt, können wir Einzigartigkeit bei der Vermarktung einer neuen Idee sehr gut nutzen, um hohe Aufmerksamkeit zu erzeugen. Hierzu stehen uns zwei Optionen zur Verfügung. Wir können einerseits einzigartige Merkmale gestalten und sie in der Vermarktung klar betonen. Wir können andererseits eine neue Idee auf einzigartige Weise inszenieren. Sie bleibt dadurch deutlich besser bei Menschen hängen.

Wissenschaftlicher   Hintergrund Dieser   aufmerksamkeitswirksamen Strategie liegt der so genannte von Restorff Effekt zugrunde, benannt nach seiner Entdeckerin Hedwig von Restorff (Von Restorff, 1933).

Wie er funktioniert demonstrierte zum Beispiel ein Experiment des Psychologen Reed Hunt in den 1990er Jahren. Er zeigte Teilnehmern zwei Listen mit Zeichen (vgl. Abb. 3.1). Eine isolierte Liste mit einer Zielzahl und einer Reihe von Buchstabenkombinationen sowie eine homogene Liste mit der gleichen Zielzahl und einer Reihe von weiteren Zahlen (Hunt, 1995).

Homogene Liste	Isolierte Liste
2	GHB
8	OKL
5	5
9	MES
4	HJK
6	ASP
1	WCY

Abb. 3.1 Homogene und isolierte Liste

Die Ergebnisse zeigten, dass die Zielzahl deutlich mehr Aufmerksamkeit erzeugte und deutlich besser hängen blieb, wenn sie Teil einer isolierten Liste war. Entsprechend lag die Erinnerungswirkung bei der isolierten Liste bei 80 %, während sie bei der homogenen Liste lediglich bei 30 % lag. Das bedeutete: nahezu dreifache Erinnerungswirkung (Hunt, 1995).

Diese und andere Studien demonstrierten, dass Informationen umso besser bei Menschen hängen bleiben, je ungewöhnlicher sie erscheinen und je deutlicher sie hervorstechen.

Checkliste zur Anwendung

- Tesla versteckte 8 Personen in der elektrischen Limousine Model S, um das Volumen des Fahrzeugs auf einzigartige Weise zu inszenieren und großes Aufsehen zu erregen.
- Darüber hinaus betonte Tesla einzigartige Merkmale seiner innovativen Fahrzeuge, wie die Flügeltüren des SUV Model X oder die zwei Motoren an beiden Achsen des Model S.
- Wir können in ähnlicher Weise hohes Aufsehen für eine neue Idee erregen, indem wir auf eine besonders einzigartige Inszenierung setzen oder einzigartige Merkmale hervorheben.

3.2   Inkongruenzen herausarbeiten

Im Jahr 2007 führte Apple das erste iPhone ein. Der Marke gelang dabei ein großer Genie-Streich: die Etablierung einer vollkommen eigenständigen Produktkategorie. Menschen bezeichneten das Gerät nämlich nicht als ein Smartphone, sondern als ein iPhone. Apple erzielte auf diese Weise eine stark differenzierte Wahrnehmung im Markt und hinterließ mit seinem neuartigen Konzept einen besonders bleibenden Eindruck bei Menschen.

Wie konnte das gelingen? Dieser Effekt trat auf, weil das iPhone in wesentlichen Merkmalen von herkömmlichen Smartphones abwich. So zum Beispiel bei der Tastatur. Diese fehlte bei dem neuen Gerät. Es passte dadurch nicht in das bestehende Weltbild zu Smartphones. Diese hatten bis dahin immer eine Tastatur. Das iPhone wich darüber hinaus auch in einigen weiteren grundlegenden Merkmalen von klassischen Smartphones ab. Menschen reagierten auf diese Widersprüche zu ihrem bestehenden Wissen rund um Smartphones, indem sie eine neue Kategorie erschufen. Apple konnte dadurch eine besonders breite öffentliche Aufmerksamkeit erzielen.

Die Marke Dyson konnte einen ähnlichen Effekt mit seinem innovativen Staubsauger erzielen. Menschen sprachen infolge seiner erfolgreichen Einführung nicht von einem Staubsauger, sondern von einem Dyson. Auch hier spielten Widersprüche zum gängigen Wissen rund um Staubsauger eine Rolle. Beispielsweise fehlte bei Dyson der Beutel, ein bis dahin integraler Bestandteil von Staubsaugern. Die Geräte verfügten darüber hinaus über eine innovative Zyklonentechnologie, die Saugkraft auf vollkommen neue Weise erzeugte. Menschen reagierten auf diese Widersprüche, indem sie eine neue Kategorie erschufen. Dyson konnte dadurch einen besonders bleibenden Eindruck im Markt hinterlassen.

Beide Beispiele zeigen, dass wir mit einer neuen Idee hohe Aufmerksamkeit erzeugen können, indem wir Widersprüche zu bereits bestehenden Ideen schaffen. In besonders extremen Fällen können wir dadurch sogar eine vollkommen neue Kategorie etablieren.

Wissenschaftlicher Hintergrund Diesem Phänomen liegt die so genannte Inkongruenz zugrunde.

Das menschliche Gehirn teilt sein Wissen und seine Erfahrungen in Kategorien ein. Es speichert alle Informationen zu einem Thema in einer Kategorie ab. Die Gesamtheit der Information in einer Kategorie ergeben ein Schema. Dadurch können Menschen besonders schnell Sinn aus Situationen machen. Wenn sie auf ein Objekt treffen, aktiviert das Gehirn das dazugehörige Schema. Alle Informationen stehen dann direkt parat (Mandler, 1982).

Inkongruenz ist der Grad, zu dem ein Objekt von einem bekannten Schema und damit von bestehendem Wissen oder bestehenden Erfahrungen abweicht. Wir können dabei drei Arten von Inkongruenz unterscheiden: Geringe Inkongruenz, moderate Inkongruenz und extreme Inkongruenz. Geringe Inkongruenz liegt vor, wenn ein Objekt weitgehend mit einem Schema übereinstimmt. Moderate Inkongruenz liegt vor, wenn ein Objekt zwar deutlich von einem Schema abweicht, Menschen es jedoch noch mit ihrem Wissen und ihren Erfahrungen in Einklang bringen können. Extreme Inkongruenz liegt vor, wenn ein Objekt so drastisch von einem gegebenen Schema abweicht, dass es teilweise im Widerspruch zu bestehendem Wissen und bestehenden Erfahrungen steht (Meyers-Levy & Tybout, 1998).

Forscher der Universität von Colorado lieferten Beispiele für verschiedene Arten von Inkongruenz. Sie stellten in einer Studie drei verschiedene Getränke vor, die mit zusätzlichen Vitaminen versetzt waren. Ein vitaminversetzter Saft (vgl. Abb. 3.2), ein vitaminversetzter Kaffee (vgl. Abb. 3.3) und ein vitaminversetzter Vodka (vgl. Abb. 3.4) (Jhang et al., 2012).

Die Teilnehmer nahmen den vitaminversetzten Saft als geringfügig kongruent wahr, da Vitamine bereits ein integraler Bestandteil von Säften waren (Jhang et al., 2012).

Die Teilnehmer nahmen vitaminversetzten Kaffee als moderat inkongruent wahr, weil Vitamine zwar nicht direkt mit Kaffee in Verbindung standen, beide jedoch einen guten Start in den Tag darstellten. Sie passten also auf den zweiten Blick zusammen (Jhang et al., 2012).

Die Teilnehmer nahmen den vitaminversetzten Vodka als extrem inkongruent wahr, weil keinerlei Verbindungen zwischen beiden Produkten ersichtlich waren – weder auf den ersten noch auf den

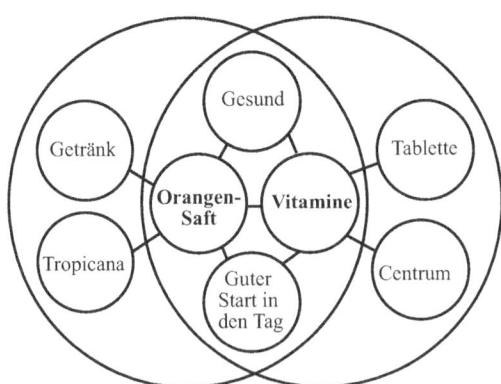

Abb. 3.2   Produkt mit geringer Inkongruenz

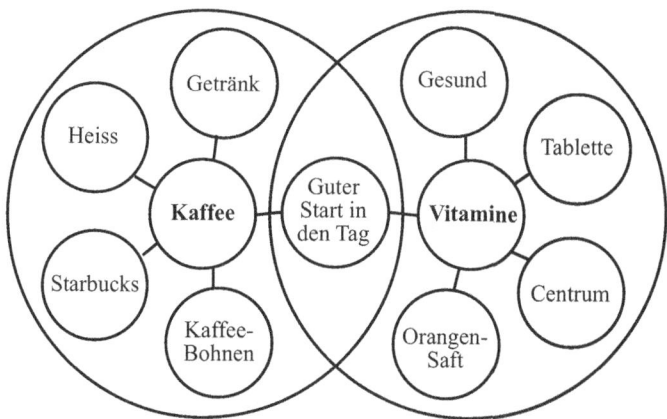

Abb. 3.3 Produkt mit moderater Inkongruenz

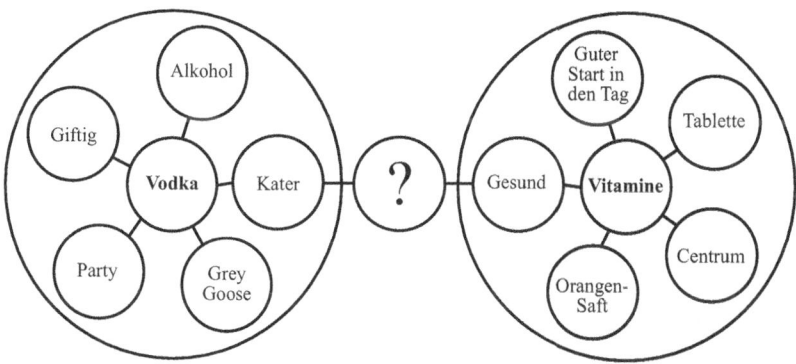

Abb. 3.4 Produkt mit extremer Inkongruenz

zweiten Blick. Vitamine waren zum Beispiel gesund, Vodka eher ungesund. Vitamine waren für den Morgen, Vodka eher für den Abend (Jhang et al., 2012).

Dabei zeigten wissenschaftliche Untersuchungen auch, dass extreme Inkongruenz zu hoher wahrgenommener Neuartigkeit führte und dadurch Menschen in den Bann zog. Neue Ideen hinterließen dadurch einen besonders bleibenden Eindruck (Meyers-Levy & Tybout, 1998).

Checkliste zur Anwendung

- Das iPhone wich in grundlegenden Merkmalen – wie zum Beispiel der fehlenden Tastatur – von herkömmlichen Smartphones ab und etablierte dadurch eine vollkommen eigenständige Kategorie sowie eine klar differenzierte Marktpositionierung.
- In ähnlicher Weise wichen auch Staubsauger von Dyson in grundlegenden Merkmalen wie dem fehlenden Beutel oder der Zyklonentechnologie von klassischen Staubsaugern ab und erzielten dadurch ebenfalls eine besonders differenzierte Marktpositionierung.
- Wir können diesen Mechanismus bei der Vermarktung einer neuen Idee nutzen, indem wir in grundlegenden Merkmalen von bestehenden Ideen abweichen und Botschaften nutzen, die im Widerspruch zum Wissen und den Erfahrungen der Menschen stehen.
- Das Ergebnis ist eine hohe wahrgenommene Inkongruenz, die nicht nur für hohes Aufsehen sorgt, sondern auch zu einer klar differenzierten Marktpositionierung führt.

3.3 Atypisches Design nutzen

Im November 2019 stellte Tesla ein neues Fahrzeugkonzept vor: den Cybertruck. Dahinter steckte ein neuartiger Pickup. Zu Beginn der Präsentation zeigte Elon Musk die Designs von Pickups über verschiedene Zeitepochen. Er ging darauf ein, dass sich das Design dieser Fahrzeuge über 100 Jahre praktisch nicht verändert hatte. Er wies dabei auch auf die weite Verbreitung von Pickups in den USA hin sowie auf die Tatsache, dass diese Fahrzeuge eine starke Belastung für die Umwelt darstellten. Nach dieser kurzen Einführung fuhr schließlich der Cybertruck mit umweltschonendem Elektroantrieb auf die Bühne. Sein besonders untypisches Design stach sofort ins Auge. Es hatte kaum Gemeinsamkeiten mit den Designs herkömmlicher Pickups. Dadurch löste Tesla eine breite öffentliche Diskussion aus. Das futuristisch aussehende Fahrzeug war weltweit über viele Wochen in aller Munde.

In ähnlicher Weise erzeugte auch der CRM-Anbieter Salesforce hohe Aufmerksamkeit. Nicht mit dem Design eines Produkts, sondern mit dem Design des eigenen Markenauftritts. Diesen gestaltete die Marke als bunte, komikartige Phantasiewelt mit verschiedenen Charakteren. Salesforce erzielte dadurch ein sehr untypisches Erscheinungsbild, dass nur wenig mit gewöhnlichen Auftritten anderer Software-Anbieter gemein hatte. Das Unternehmen stellte dadurch sicher, dass es bei Menschen einen besonders bleibenden Eindruck hinterließ.

Diese Beispiele zeigen, dass wir mit einer neuen Idee hohes Aufsehen erregen können, indem wir auf ein untypisches Design setzen. Dies kann einerseits das Design von Produkten betreffen sowie andererseits das Design des eigenen Markenauftritts.

Wissenschaftlicher Hintergrund Ein Forscher führte eine Studie zur Wahrnehmung von Design durch. Er zeigte Teilnehmern Anzeigen für drei Produkte: einen Wasserkocher, einen Lautsprecher sowie einen Surfanzug. Sie hatten entweder Designs, die für ihre Produktkategorie typisch oder untypisch waren. Hierzu variierte der Forscher die Form oder die Farbe der Produkte (Schnurr, 2017):

- Wasserkocher: Der typische Wasserkocher hatte beispielsweise eine runde Form, während der untypische Wasserkocher eine eckige Form hatte.
- Lautsprecher: Der typische Lautsprecher hatte die Form eines Quadrats, während der untypische Lautsprecher die Form eines Dreiecks hatte.
- Surfanzug: Der typische Surfanzug war vollkommen schwarz, während der untypische Surfanzug ein mehrfarbiges Muster mit Streifen hatte.

Die Ergebnisse zeigten, dass Teilnehmer die Produkte mit untypischen Designs als deutlich untypischer wahrnahmen als die Produkte mit typischen Designs. Darüber hinaus empfanden sie die untypischen Produkte auch als deutlich aufregender (Schnurr, 2017).

Eine andere Studie gab Aufschluss darüber, wie wir die wahrgenommene Typikalität von Designs gezielt beeinflussen können. Forscher identifizierten besonders verkaufsstarke Fahrzeugmodelle im deutschen Automobilmarkt. Sie fotografierten die Fronten der Fahrzeuge unter standardisierten Bedingungen in einem Fotostudio. Anschließend nutzten sie eine spezielle Software, die aus den Designs der Fahrzeuge ein durchschnittliches Design kreierte – einen sogenannten Prototyp (vgl. Abb. 3.5) (Landwehr et al., 2012; Landwehr et al., 2011).

Die Forscher konnten auf dieser Basis die Typikalität des Designs jedes der zuvor identifizierten Fahrzeuge errechnen. Sie legten hierzu

Designs von Fahrzeugen

Durchschnittliches
Design des Prototyps mit
charakteristischen Punkten

Abb. 3.5 Designs von Fahrzeugen sowie Prototyp mit charakteristischen Punkten

die Abbildung eines Fahrzeugs sowie die Abbildung des Prototyps übereinander und erfassten die Abstände zwischen beiden Designs in charakteristischen Punkten. Zum Beispiel anhand der Eckpunkte der Scheinwerfer oder des Kühlergrills. Die Abstände über alle charakteristischen Punkte hinweg ergaben schließlich das Maß, zu dem ein Design prototypisch erschien (Landwehr et al., 2011).

Checkliste zur Anwendung

- Bei der Einführung des Cybertrucks setzte Tesla auf ein besonders untypisches Design, das drastisch von den typischen Designs von herkömmlichen Pickups abwich und erregte dadurch hohe Aufmerksamkeit sowie breite öffentliche Diskussionen.
- In ähnlicher Weise nutzte der CRM-Anbieter Salesforce einen besonders untypischen Markenauftritt mit einer komikartigen Phantasiewelt, die deutlich von den typischen Markenauftritten anderer Softwareanbieter abwich und erregte dadurch hohes Aufsehen.
- Wir können diesen Effekt bei der Vermarktung einer neuen Idee nutzen, indem wir auf eine untypische visuelle Identität mit untypischer graphischer Aufmachung setzen oder indem wir ein untypisches Produktdesign bzw. ein untypisches User Interface gestalten.

3.4 Aufregung erzeugen

Der Ingenieur Tom Dickson entwickelte in den 1990er Jahren einen neuen Mixer für den Heimgebrauch mit besonders hoher Leistung. Obwohl das Produkt einen klaren Mehrwert bot, verlief die Vermarktung nur sehr schleppend. Das Gerät erregte nur wenig Interesse. Tom Dickson entschied sich deshalb, den Marketingfachmann George Wright zu engagieren. Kurz nach seinem Einstieg besuchte George die Produktion der Mixer. Er wunderte sich über den Staub, der überall auf dem Boden lag und sprach Tom darauf an. Dieser erklärte George, dass der Staub bei den Produkttests der Mixer entstanden war. Tom führte seine Mixer nämlich regelmäßig an seine Belastungsgrenzen, indem er besonders harte Materialien wie zum Beispiel Holzplatten mixte. Dies brachte George auf eine Idee. Er drehte einige Videos, in denen Tom einen weißen Laborkittel trug und verschiedene ungewöhnliche Objekte wie Golfbälle oder Murmeln mixte. Die Videos stellte George anschließend auf YouTube. Sie lösten besonders hohe Aufregung aus und erzielten in kurzer Zeit eine Reichweite von 300 Mio. Ansichten. Dies führte zu einer Umsatzsteigerung von 700 % (Berger, 2016).

Eine ähnliche Strategie verfolgte Audi bei der Einführung des Audi 100 Quattro mit Allradantrieb. In einem Werbespot aus dem Jahr 1986 ging ein Fahrer in winterlicher Umgebung auf das Fahrzeug zu und stieg ein. Er startete den Wagen und fuhr auf eine Skisprung-Schanze zu. Der Audi kletterte höher und höher bis auf die Spitze der Schanze. Diese dramatische Inszenierung des innovativen Allradantriebs löste hohe Aufregung bei Menschen aus und erreichte dadurch eine besonders aufsehenerregende Wirkung im Markt.

Wir sehen anhand dieser beiden Beispiele, dass wir mit einer neuen Idee hohe Aufmerksamkeit erzeugen können, indem wir aufregende Emotionen wecken.

Wissenschaftlicher Hintergrund Eine Gruppe von Forschern führte in den 1990er Jahren eine Studie zur Erinnerungswirkung von Bildern durch. Sie griffen hierzu auf die Bilddatenbank International Affective Picture System zurück. Sie enthielt standardisierte Abbildungen von

Menschen, Tieren und Pflanzen sowie von alltäglichen und nicht alltäglichen Situationen (Bradley et al., 1992).

Die Bilder variierten im Grad, zu dem sie aufregend wirkten. Bilder mit niedriger Aufregung weckten dabei Gefühle mit niedriger Intensität wie zum Beispiel das positive Gefühl von Zufriedenheit sowie das negative Gefühl von Niedergeschlagenheit. Bilder mit hoher Aufregung weckten dagegen Gefühle mit hoher Intensität wie zum Beispiel das positive Gefühl von Begeisterung oder das negative Gefühl von Wut (Bradley et al., 1992).

Die Ergebnisse zeigten, dass Bilder mit besonders hoher Aufregung sowohl kurz- als auch langfristig eine deutlich höhere Erinnerungswirkung erzielten (Bradley et al., 1992).

Eine andere Studie zeigte die Wirkung von Aufregung auf Viralität von Inhalten. Zwei Forscher führten eine Inhaltsanalyse von Artikeln der New York Times durch. Sie erfassten den Grad, zu dem die Artikel hohe versus niedrige Aufregung sowie positive versus negative Emotionen ausdrückten. Sie erfassten auch, wie oft Leser Artikel per E-Mail an andere weiterleiteten. Die Studie zeigte, dass die Weiterleitung bei Texten mit hoher Aufregung deutlich höher ausfiel als bei Texten mit niedriger Aufregung (Berger & Milkman, 2012).

Checkliste zur Anwendung

- Blendtec vermittelte die hohe Leistungsfähigkeit seiner Mixer auf dramatische und aufregende Weise, indem der Gründer Tom Dickson eine Reihe von ungewöhnlichen Materialien wie zum Beispiel Holzplatten, Murmeln oder Golfbälle mixte.
- Auf ähnlich dramatisch und aufregende Weise inszenierte Audi die besondere Leistungsfähigkeit des innovativen Allradantriebs des Audi 100 Quattro, indem das Unternehmen einen Werbespot kreierte, in dem der Wagen eine Skischanze erklomm.
- Wir können diesen Effekt bei der Vermarktung einer neuen Idee nutzen, indem wir gezielt besonders dramatische und aufregende Emotionen auslösen und dadurch eine besonders aufsehenerregende Wirkung erzielen sowie einen bleibenden Eindruck hinterlassen.

3.5   Dynamik ausdrücken

Der Roboterhersteller Kuka ging im Jahr 2014 eine Partnerschaft mit dem deutschen Tischtennisspieler Timo Boll ein. Er konnte eine beeindruckende Karriere vorweisen mit zahlreichen nationalen und internationalen Titeln. Einen Höhepunkt der Kooperation stellte ein YouTube-Video dar. Timo Boll trat darin ein Tischtennis-Duell mit dem Kuka Schwenk-Roboter KR AGILUS an. Das Video zeigte eine Tischtennisplatte in der Mitte einer großen leeren Halle. Das Team von Kuka hatte den KR AGILUS auf der einen Seite der Platte am Boden montiert. Sie hatten zusätzlich einen Tischtennisschläger am Ende seines Arms befestigt. Timo Boll trat an die Tischtennisplatte und eröffnete das Duell mit einem Aufschlag. Der Roboter reagierte prompt und schlug den Ball zurück. Nach mehreren schnellen Ballwechseln konnte der Roboter den ersten Punkt erzielen. Er gewann in ähnlicher Weise die nächsten sechs Punkte. Dann konnte Timo Boll jedoch das Ruder langsam wieder rumreisen. Er kämpfte sich Stück für Stück bis zum Ausgleich und anschließend zur Führung vor. Boll konnte am Ende knapp mit 11 zu 9 Punkten gegen den Roboter gewinnen.

Das Video erlangte hohe Aufmerksamkeit in sozialen Medien. Es konnte alleine auf YouTube 14 Mio. Ansichten sowie mehr als 82 Tausend Likes erzielen. Auf diese Weise konnte Kuka hohe Aufmerksamkeit für seinen innovativen Roboter erzielen.

Ein zentrales Merkmal des Videos war seine hohe Dynamik. Der Roboter spielte einerseits die Bälle mit schnellen, explosionsartigen Bewegungen über das Netz. Andererseits zeichnete das Video auch eine besonders dynamische Kameraführung mit vielen Perspektivenwechseln sowie unterschiedlichen Aufnahmegeschwindigkeiten aus. Diese Dynamik verhalf Kuka zu hoher wahrgenommener Innovativität seiner Roboter und erregte dadurch hohes Aufsehen.

Wir sehen anhand dieses Beispiels, dass wir hohe Dynamik bei der Darstellung einer neuen Idee nutzen können, um hohe Innovativität zu erzielen und breites Aufsehen zu erregen.

Wissenschaftlicher Hintergrund Forscher führten ein Experiment zur Wirkung von Werbespots zu Innovationen durch. Sie zeigten Teilnehmern ein Video zu einem Smartphone. Das Gerät wanderte in einer Untersuchungsgruppe in gerader Linie über den Bildschirm. In einer zweiten Untersuchungsgruppe wanderte es in Kurven über den Bildschirm (vgl. Abb. 3.6). Nachdem die Teilnehmer das Video gesehen hatten, bewerteten sie das Smartphone anhand von verschiedenen Kriterien (Kim & Lakshmanan, 2015).

Die Ergebnisse zeigten, dass das Smartphone deutlich innovativer erschien, wenn es in kurviger statt gerader Bewegung über den Bildschirm wanderte (Kim & Lakshmanan, 2015).

Die Forscher gingen auch der Frage auf den Grund, was diesen Effekt verursacht hatte. Sie fanden heraus, dass das Video mit kurviger Bewegung höhere Lebendigkeit ausdrückte. Dadurch erschien das Smartphone untypischer (Loken & Ward, 1990; Tversky, 1977). Die Folge daraus war gesteigerte wahrgenommene Innovativität (Kim & Lakshmanan, 2015).

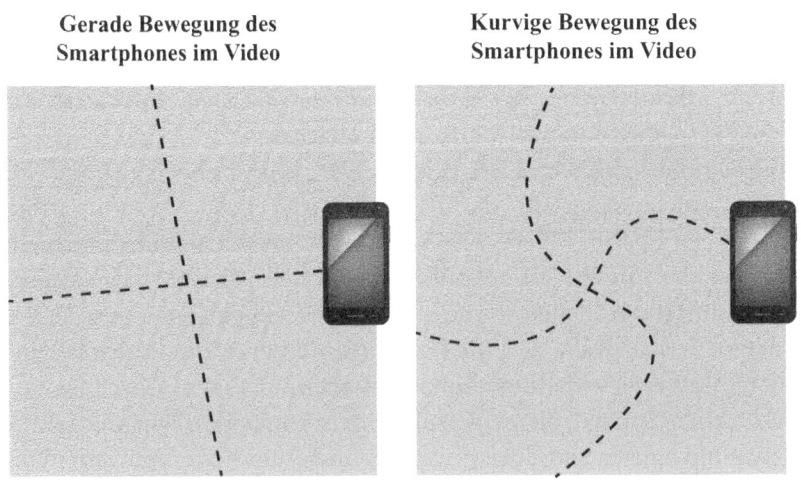

Gerade Bewegung des
Smartphones im Video

Kurvige Bewegung des
Smartphones im Video

Abb. 3.6 Gerade und kurvige Bewegung in Videos

Checkliste zur Anwendung

- Der Roboter-Hersteller Kuka drehte ein Video, in dem der Schwenk-Roboter KR AGILUS gegen den Tischtennisprofi Timo Boll antrat und dadurch hohe wahrgenommene Innovativität erzielte, was hohes Aufsehen erregte.
- Wir können diesen Effekt im Rahmen der Vermarktung einer neuen Idee nutzen, indem wir auf hohe Masse an Dynamik und Lebendigkeit bei der Inszenierung setzen.
- Wir können zum Beispiel eine neue Idee in einem Video darstellen, das einerseits hohe Grade an Bewegung auszeichnet und das auf der anderen Seite eine Vielzahl von Perspektivenwechseln sowie variierende Aufnahmegeschwindigkeiten nutzt.

3.6 Mysterien aufbauen

Im Jahr 1984 führte Apple den neuen Macintosh ein. Er war einer der ersten Mikro-Computer mit grafischer Benutzeroberfläche. Seinen Namen erhielt er von der Apfelsorte McIntosh. Den Startschuss für die Vermarktung markierte ein Werbespot während des NFL Superbowls.

Er Griff den Roman „*1984*" von George Orwell auf. Das Buch handelte von einem totalitären Überwachungsstaat in einer dystopischen Welt. Winston Smith, der Protagonist, stand dem System kritisch gegenüber und geriet dadurch mit seinem Establishment in Konflikt. Der Staat konnte am Ende seinen Widerstand jedoch mithilfe von Gehirnwäsche brechen.

Der Spot von Apple zeigte in Anlehnung an George Orwell's Roman ein tristes totalitäres System. Der Anführer sprach über einen übergroßen Bildschirm zu seiner monotonen und farblosen Gefolgschaft. Dadurch nahm Apple Bezug auf die Dominanz etablierter Computer-Hersteller wie zum Beispiel IBM. Eine junge Frau in farbiger Sportbekleidung und einem Vorschlaghammer in den Händen tauchte auf und lief auf den Bildschirm zu. Wächter folgten ihr und versuchten sie aufzuhalten. Die Frau lief weiter und warf schließlich den Hammer in den Bildschirm. Er explodierte und das Bild wurde schwarz. Ein Text erschien: „*On January 24th, Apple will introduce Macintosh. And you'll see why 1984 won't be like 1984.*"

Der Spot zeigte somit nicht das neue Produkt, sondern wies lediglich auf mysteriöse Weise auf seine bevorstehende Einführung hin. Apple weckte dadurch hohe Neugier in der Öffentlichkeit und erzeugte starke Aufmerksamkeit für den Macintosh.

Wir sehen anhand dieses Beispiels, dass wir bei der Vermarktung einer neuen Idee gezielt Informationen zurückhalten können, um Neugier und Interesse im Markt zu wecken.

Wissenschaftlicher Hintergrund Dies belegte auch ein einfaches Experiment. Darin erhielten Teilnehmer Informationen zu verschiedenen Produkten wie zum Beispiel einer Software. Die Studie untersuchte zwei Untersuchungsgruppen: eine Mystery-Untersuchungsgruppe und eine Kontroll-Untersuchungsgruppe. In der Mystery-Untersuchungsgruppe erhielten die Teilnehmer kaum Informationen zu den Produkten, während sie in der Kontroll-Untersuchungsgruppe umfassendere Informationen erhielten. Die Ergebnisse zeigten, dass die Produkte in der Mystery-Untersuchungsgruppe deutlich mehr Neugier und Interesse weckten (Hill et al., 2016).

Ein ähnliches Ergebnis zeigt eine Untersuchung von zwei Marketingforschern der University of Georgia und der University of Pennsylvania (Sevilla & Meyer, 2020). Sie zeigten Teilnehmern einer Studie eine Abbildung eines innovativen Concept-Cars. Das Fahrzeug war in einer Untersuchungsgruppe zur Hälfte verdeckt. In einer zweiten Untersuchungsgruppe war es vollkommen enthüllt. Die Ergebnisse der Studie zeigten, dass die Teilnehmer deutlich höheres Interesse zeigten, das Fahrzeug live zu sehen, wenn sie die halb verdeckte Abbildung sahen.

Checkliste zur Anwendung

- Im Jahr 1984 stellte Apple den Mikrocomputer Macintosh vor und kreierte für das innovative Gerät einen Werbespot in Anlehnung an den Roman 1984 von George Orwell.
- Dieser lief während des amerikanischen Superbowls und zeigte nicht das Produkt, sondern wies lediglich auf mysteriöse Weise auf seine bevorstehende Einführung hin.
- Dadurch konnte Apple hohe Neugier für das neue Gerät wecken und so breite öffentliche Diskussionen auslösen, die dem Macintosh zu hohem Aufsehen im Markt verhalfen.
- Wir können diesen Effekt bei der Vermarktung einer neuen Idee nutzen, indem wir nicht von Anfang an die Katze aus dem Sack lassen und alles direkt preisgeben, sondern durch die bewusste Zurückhaltung von Informationen Neugier und Interesse wecken.

3.7 Zufälle hervorheben

Der Chemiker Dr. Spencer Silver forschte in den 1960er Jahren an neuen, besonders starken Klebstoffen für das Unternehmen 3M. Dabei entwickelte er versehentlich einen Stoff, der nur leicht auf Oberflächen haftete und gleichzeitig seine Klebeigenschaften nach dem Abziehen nicht verlor. Lange Zeit sah der Forscher keinerlei Verwendung für seine Erfindung. Eines Tages besuchte jedoch ein Kollege namens Art Fry ein Seminar von Spencer. Fry war im Kirchenchor und kämpfte regelmäßig mit Lesezeichen, die aus seinem Gesangsbuch fielen. Als er den neuartigen Kleber sah, kam ihm die Lösung für sein Problem. Gemeinsam mit Silver entwickelte er daraufhin selbstklebende Haftnotizen. 3M führte sie in den 1980er Jahren als Post-its ein. Sie stellen heute eine der bekanntesten Innovationen der Marke dar.

Ein ähnliches Beispiel ist die Entstehungsgeschichte der Kommunikationsplattform Slack. Sie ermöglichte eine besonders effiziente Zusammenarbeit zwischen Mitarbeitern und Teams. Die Gründer von Slack hatten ursprünglich ein Unternehmen im Bereich Gaming gegründet. Dieses war jedoch erfolglos. Für die bessere Koordination im Rahmen der täglichen Arbeit entwickelte die Firma jedoch eine eigene Kommunikationsplattform als Alternative zu Emails. Diese entpuppte sich als so hilfreich, dass die Gründer die Lösung unter dem Namen Slack der Öffentlichkeit zugänglich machten. Sie erlangte in kürzester Zeit hohe Popularität.

Die Beispiele von Post-its und Slack stellen zwei besonders erfolgreiche Innovationen dar, die das Ergebnis von Zufällen waren. Ihre ungewöhnlichen Entstehungsgeschichten sorgten dabei für umfassende Diskussionen und verhalfen den beiden Lösungen zu hohem Aufsehen.

Wir sehen anhand dieser Beispiele, dass wir eine ungewöhnliche Entstehungsgeschichte sehr gut nutzen können, um eine neue Idee ins Gespräch zu bringen und Interesse zu wecken.

Wissenschaftlicher Hintergrund Forscher stellten den Teilnehmern eines Experiments eine neuartige Schokolade vor. Sie zeichnete extra lang geröstete Schokoladenbohnen aus. Die Forscher informierten eine Gruppe von Teilnehmern, dass das Rezept für die Schokolade bewusst entstanden war. Der Maitre Chocolatier hatte die Bohnen bei der Kreation absichtlich länger im Ofen gelassen. Die Forscher wiesen eine zweite Gruppe von Teilnehmern darauf hin, dass das Rezept für die Schokolade versehentlich entstanden war. Der Maitre Chocolatier hatte die Bohnen bei der Kreation im Ofen vergessen. Die Studie zeigte, dass die Schokolade einzigartiger und interessanter wirkte, wenn sie das Ergebnis eines Fehlers war (Reich et al., 2018).

Eine zweite Studie zeigte den Effekt auch noch in einem anderen Kontext. Die Teilnehmer erhielten Informationen zu einem Hip-Hop-Musiker namens Jordan Parker, der ein neues Lied komponiert hatte. Man hörte darin den Atem des Künstlers. In einer Untersuchungs-gruppe des Experiments hatte Jordan Parker absichtlich seinen Atem aufgenommen. In einer zweiten Untersuchungsgruppe hatte Parker seinen Atem versehentlich aufgenommen. Auch hier zeigten die Ergebnisse, dass Teilnehmer höheres Interesse zeigten, wenn das Lied aufgrund eines Versehens entstanden war. Dies steigerte auch die Kauf-bereitschaft (Reich et al., 2018).

Checkliste zur Anwendung

- Die Entdeckung der heute allseits bekannten Post-its war das Ergebnis eines Zufalls, der bis heute die Wahrnehmung der innovativen Haft-klebenotizen der Marke 3M prägt.
- In ähnlicher Weise stellte auch die Entdeckung der innovativen Kommunikationsplattform Slack eine eher zufällige Entdeckung dar.
- Die ungewöhnlichen Entstehungsgeschichten der beiden innovativen Lösungen lieferten umfassenden Gesprächsstoff und verhalfen ihnen dadurch zu hohem Aufsehen.
- Wenn eine neue Idee ebenfalls das Ergebnis einer zufälligen Ent-deckung ist, können wir diesen Effekt nutzen, um hohe Aufmerk-samkeit im Markt zu erzeugen, indem wir ganz bewusst ihre ungewöhnliche Entstehungsgeschichte in den Vordergrund stellen.

3.8 Autonomie zeigen

Tesla ist eine Marke, die in den vergangenen Jahren besonders hohe Aufmerksamkeit für seine innovativen Fahrzeuge mit Elektroantrieb erzeugen konnte. Eine wichtige Rolle spielte dabei der CEO Elon Musk. Er fiel regelmäßig durch seine konträren Ansichten sowie dem Bruch mit Tabus auf. Dies verhalf der Marke Tesla zu hoher öffentlicher Präsenz.

Dieses Beispiel zeigt, dass wir für umfassenden Gesprächsstoff rund um neue Ideen sorgen können, indem wir ebenfalls eine gewisse Autonomie ausdrücken. Hierzu sollten wir ganz gezielt mit bestehenden Regeln, Konventionen oder Meinungen brechen.

Wir sollten dabei jedoch darauf achten, den Bogen nicht zur sehr zu überspannen. Auch dies veranschaulicht das Beispiel von Tesla. Elon Musk schoss nämlich regelmäßig mit seinen Aktionen über das Ziel hinaus und richtete eher Schaden für die Marke Tesla an.

Wissenschaftlicher Hintergrund Forscher untersuchten in einer Studie die Wirkung von Autonomie auf Menschen. Dahinter steckte der Grad, zu dem Personen oder Marken mit Konventionen brechen und ihren eigenen Weg gehen. Die Forscher gaben den Teilnehmern einen Ausschnitt eines Interviews mit einer Band. Dabei kreierten sie drei Varianten des Ausschnitts und drückten auf diese Weise entweder geringe, mittlere oder hohe Autonomie der Band aus (Warren & Campbell, 2014).

Der Ausschnitt mit der niedrigen Autonomie zeigte auf, dass die Band viel Wert darauflegte, dass ihre Musik gut zu aktuellen Trends passte und dass Menschen sie mochten. Der Ausschnitt mit der hohen Autonomie zeigte auf, dass die Band sich nicht für Trends interessierte und keinen Wert darauflegte, wie sie ankamen. Der Ausschnitt mit der mittleren Autonomie zeigte auf, dass die Band sich nur teilweise für Trends interessierte und nur teilweise Wert darauflegte, was Menschen von ihr dachten. Im Folgenden die genauen Varianten der Ausschnitte zum Interview mit der Band (Warren & Campbell, 2014):

Niedrige Autonomie: „*We make an effort to write songs that appeal to a mass audience. By following the current trends and sticking to popular sounds, we create songs that we hope everyone will love. Our goal is to match our sound to mainstream tastes so as many people as possible enjoy our music.*"

Mittlere Autonomie: „*We don't try to write a bunch of hits or records that go triple platinum. We just write songs that feel right to us and reflect what we are experiencing at the time. We see what is happening around us and try to incorporate these observations into songs that we hope some people can relate to.*"

Hohe Autonomie: „*We write what we feel like writing, which usually means completely ignoring typical conventions and doing something totally different. We do what we want and if people don't like it, that's their problem. Honestly, we couldn't care less what others think of us or our music.*"

Die Ergebnisse zeigten, dass die Untersuchungsgruppe mit mittlerer Autonomie ein Gefühl von positiver Aufregung erzeugte. Dadurch wirkte die Band besonders interessant und anziehend auf die Teilnehmer. In der Untersuchungsgruppe mit niedriger Autonomie wirkte die Band hingegen zu langweilig, in der Untersuchungsgruppe mit hoher Autonomie wirkte sie zu arrogant.

Checkliste zur Anwendung

- Der innovative Automobilhersteller Tesla erhielt in den vergangenen Jahren immer wieder hohe globale Aufmerksamkeit durch das Verhalten seines CEOs Elon Musk.
- Er sorgte mit seinen konträren Ansichten sowie regelmäßigen Brüchen mit Tabus für breite öffentliche Diskurse und brachte dadurch Tesla wiederholt ins Gespräch.
- Er schoss dabei jedoch auch oft übers Ziel hinaus und richtete mit besonders extremen Aktionen und Aussagen eher Schaden für die Marke Tesla in der Öffentlichkeit an.
- In Einklang mit diesem Beispiel weisen wissenschaftliche Erkenntnisse darauf hin, dass vor allem ein mittleres Maß an konträrem und provokativem Verhalten eine Marke sowie ihre Produkte ins Gespräch bringen kann, ohne dabei jedoch Schaden anzurichten.
- Wir können diesen Effekt bei der Vermarktung einer neuen Idee nutzen, indem wir auf moderate und verträgliche Weise mit bestehenden Regeln und Konventionen brechen.

3.9   Rhetorische Figuren einsetzen

In den 1990er Jahren konnte die Marke Yahoo! erfolgreich den Markt für Suchmaschinen erobern. Einen wichtigen Baustein stellte dabei die Kampagne *„Do You Yahoo?"* dar. Sie nutzte als Slogan kein klassisches Statement, sondern eine Frage. Sie brachte Menschen zum Nachdenken und verhalf dadurch der innovativen Suchmaschine zu hoher Aufmerksamkeit.

Eine ähnliche Wirkung erzielte Apple mit der Kampagne *„Think Different"*. Ihr gleichnamiger Slogan brachte Zielgruppen zum Nachdenken, weil er auf den ersten Blick grammatikalisch inkorrekt wirkte. Die meisten Menschen waren der Meinung, dass er eigentlich *„Think Differently"* lauten müsste. Übersetzt: *„Denke anders"*. Steve Jobs betonte jedoch in seiner Biografie, dass *„Different"* nicht als Adverb im Slogan fungierte, sondern als Substantiv. Entsprechend war die tatsächliche Aussage des Slogans *„Denke das Andere"*. Apple rüttelte dadurch die Menschen auf und erzeugte hohes Aufsehen (Isaacson, 2011).

Wir sehen anhand dieser Beispiele, dass wir rhetorische Figuren wie Fragen oder ungewöhnliche Formulierungen bei der Vermarktung einer neuen Idee nutzen können, um Menschen mehr zum Nachdenken zu bringen und sie stärker in den Bann zu ziehen.

Wissenschaftlicher Hintergrund In einer Studie zeigten Forscher den Teilnehmern eine Anzeige für eine neue Schuhmarke, die das Risiko für Arthrose reduzierte (vgl. Abb. 3.7). In einer Untersuchungsgruppe enthielt die Anzeige eine klassische Aussage: *„Avanti Shoes can reduce the risk for arthritis."* In einer zweiten Untersuchungsgruppe enthielt sie eine Frage: *„Did you know that Avanti Shoes can reduce the risk for arthritis?"* Die Ergebnisse zeigten, dass die Anzeige mit der Frage mehr Interesse weckte und die Teilnehmer dazu bewegte, sich intensiver mit Avanti auseinanderzusetzen. Dies führte zu einer deutlich positiveren Bewertung der Marke (Ahluwalia & Burnkrant, 2004).

Auch eine Studie von Lai und Farbot (2014) zeigte die vereinnahmende Wirkung von Fragen. Die Forscher posteten Tweets auf der sozialen Plattform Twitter über einen Zeitraum von vier Monaten. Sie

Anzeige mit
klassischer Aussage

Anzeige mit
rhetorischer Frage

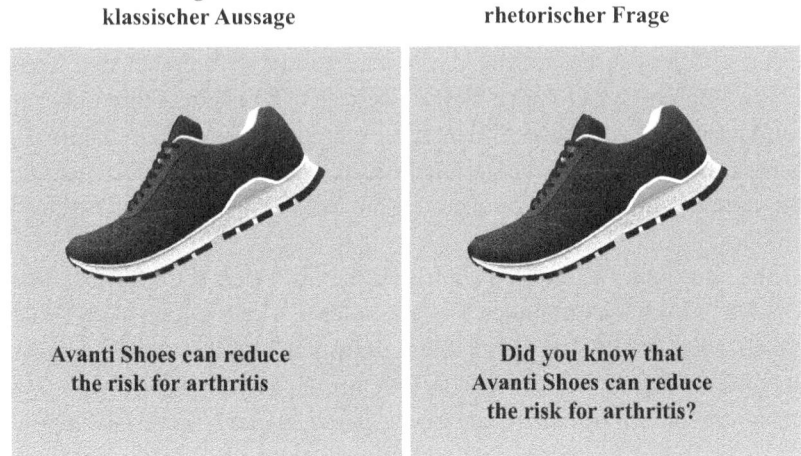

Avanti Shoes can reduce
the risk for arthritis

Did you know that
Avanti Shoes can reduce
the risk for arthritis?

Abb. 3.7 Anzeige mit Aussage und mit Frage

formulierten Überschriften entweder als Aussage oder als Frage. Zum Beispiel *„Macht korrumpiert"* oder *„Korrumpiert Macht?"*. Die Ergebnisse zeigten, dass die Überschriften mit Fragen zu deutlich höheren Klickraten bei den Tweets führten.

Lai & Farbot (2014) fanden in einer weiterführenden Studie heraus, dass Fragen eine besonders starke Wirkung haben können, wenn sie Menschen direkt ansprechen. Auf der Webseite eines Online-Händlers testeten die Forscher verschiedene Fragen als Überschriften. Diese enthielten entweder Fragen mit oder ohne direkte Ansprache. Eine Frage mit direkter Ansprache war zum Beispiel *„Ist dies Dein neues iPhone?"*. Eine Frage ohne direkte Ansprache war zum Beispiel *„Benötigt irgendjemand ein neues iPhone?"*. Die Ergebnisse zeigten, dass Fragen mit direkter Ansprache die Klickraten für die Verkaufsseite für das iPhone sowie für einen Fernseher deutlich erhöhten.

Checkliste zur Anwendung

- Wir können hohes Aufsehen für eine neue Idee erregen, indem wir Menschen mithilfe von rhetorischen Figuren aufrütteln und sie auf diese Weise zum Nachdenken bringen.
- Ein Beispiel ist die Suchmaschine Yahoo!, die im Rahmen der Vermarktung kein klassisches Statement, sondern eine Frage als Slogan nutzte: *„Do You Yahoo?"*.
- Ein zweites Beispiel ist die Marke Apple, die bei der Vermarktung den Slogan *„Think Different"* verwendete, der auf den ersten Blick grammatikalisch inkorrekt wirkte.

3.10 Prominenz sicherstellen

In den 1990er Jahren führte Dyson seinen innovativen Staubsauger mit Zyklonentechnologie ein. Er verfügte im Vergleich zu klassischen Geräten über keinen Staubsaugerbeutel mehr.

Einer der ersten Werbespots stellte dabei das zentrale Problem herkömmlicher Staubsauger auf plakative Weise dar. Er zeigte, wie Staub über ein transparentes Rohr in einen klassischen Staubsaugerbeutel strömte und dabei zunehmend dessen Poren verstopfte. Dies führte zu einem immer höheren Abfall der Saugkraft. Als nächstes zeigte der Spot das Gerät von Dyson ohne Staubsaugerbeutel. Schmutz strömte in einen transparenten Schmutzbehälter. Die Saugkraft blieb dadurch konstant. Der Spot endete schließlich mit den Worten: *„Kein Beutel. Kein Saugkraftverlust"*. Dyson betonte dadurch nur eine zentrale Botschaft auf besonders prominente Weise. Das Ergebnis war eine klar differenzierte Wahrnehmung des Geräts.

Wir können diesen Effekt bei der Vermarktung einer neuen Idee nutzen, indem wir nur wenige, wirklich differenzierende Aspekte auf prominente und plakative Weise hervorheben. Eine neue Idee sticht dann klarer aus der Masse hervor und erregt so deutlich mehr Aufsehen.

Wissenschaftlicher Hintergrund Eine Forscherin der New York University führte 1983 eine Studie durch, in der sie Anzeigen für einen Tennisball mit besonderer Nylon-Naht zeigte (vgl. Abb. 3.8). Sie

Anzeige mit hoher
Prominenz der Nylon-Naht

Anzeige mit niedriger
Prominenz der Nylon-Naht

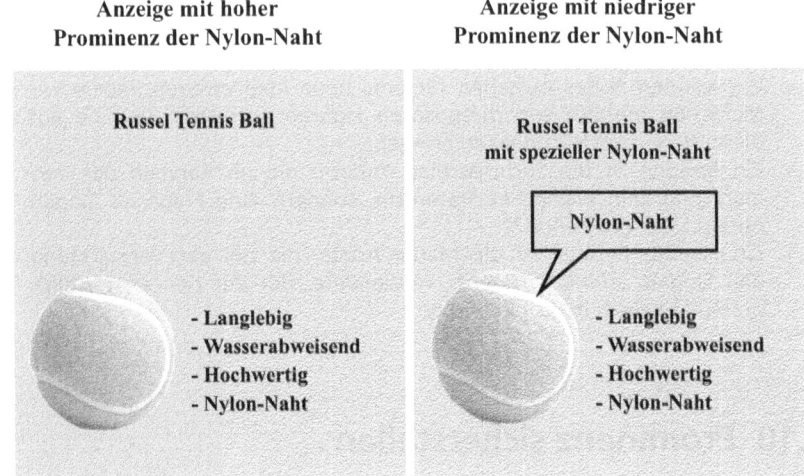

Abb. 3.8 Anzeige mit niedriger und hoher Prominenz

untersuchte zwei Untersuchungsgruppen: eine Prominenz-Unter-
suchungsgruppe und eine Kontroll-Untersuchungsgruppe. In der
Prominenz-Untersuchungsgruppe hob die Forscherin die Nylon-
Naht besonders groß und prominent hervor. In der Kontroll-
Untersuchungsgruppe listete sie die Nylon-Naht lediglich zusammen
mit anderen Merkmalen des Balls auf. Die Ergebnisse zeigten, dass
die Erinnerungswirkung für die Nylon-Naht in der Prominenz-
Untersuchungsgruppe um 50 % höher ausfiel als in der Kontroll-
Untersuchungsgruppe (Gardner, 1983).

Eine weiterführende Studie untersuchte darauf aufbauend, welche
Rolle hohe Prominenz bei der Vermarktung von neuartigen Angeboten
spielt. Forscher analysierten TV-Spots für eine medizinische Dienst-
leistung in den USA. In einigen Bundesstaaten war der Service bereits
weitgehend bekannt, während er in anderen Bundesstaaten weitgehend unbekannt war. Die TV-Spots variierten im Grad zu dem
Kerninformationen prominent ersichtlich waren. In TV-Spots mit
geringer Prominenz erschienen Kerninformationen nur kürzer auf
dem Bildschirm. In TV-Spots mit hoher Prominenz erschienen Kerninformationen länger auf dem Bildschirm. Die Untersuchung führte

zwei grundlegende Erkenntnisse zutage. Erstens: In Märkten mit hohem Bekanntheitsgrad des Services hatte hohe Prominenz von Kerninformationen keinen Einfluss auf die Inanspruchnahme der angebotenen Leistungen. Zweitens: In Märkten mit niedrigem Bekanntheitsgrad des Services führte hohe Prominenz von Kerninformationen zu einer deutlichen Steigerung der Inanspruchnahme der angebotenen Leistungen. Die Forscher wiesen auf diese Weise nach, dass Prominenz von Kerninformationen eine wichtige Rolle für die erfolgreiche Vermarktung eines neuartigen Angebots spielte (Chandy et al., 2001).

Checkliste zur Anwendung

- Im Rahmen der Vermarktung seiner innovativen Staubsauger betonte die Marke Dyson lediglich ein klar differenzierendes Merkmal – den fehlenden Staubsaugerbeutel.
- Dadurch grenzte das Unternehmen die eigenen Geräte auf plakative Weise von herkömmlichen Staubsaugern ab und erregte so besonders hohes Aufsehen im Markt.
- Wir können diesen Effekt bei der Vermarktung einer neuen Idee nutzen, indem wir lediglich die wirklich wichtigen und außergewöhnlichen Aspekte hervorheben.
- Alle anderen Informationen zu einer neuen Idee sollten wir außen vorlassen.

Literatur

Ahluwalia, R., & Burnkrant, R. E. (2004). Answering questions about questions: A persuasion knowledge perspective for understanding the effects of rhetorical questions. *Journal of Consumer Research, 31*(1), 26–42.

Berger, J. (2016). *Contagious: Why things catch on.* Simon and Schuster.

Berger, J., & Milkman, K. L. (2012). What makes online content viral? *Journal of marketing research, 49*(2), 192–205.

Bradley, M. M., Greenwald, M. K., Petry, M. C., & Lang, P. J. (1992). Remembering pictures: Pleasure and arousal in memory. *Journal of experimental psychology: Learning, Memory, and Cognition, 18*(2), 379.

Chandy, R. K., Tellis, G. J., MacInnis, D. J., & Thaivanich, P. (2001). What to say when: Advertising appeals in evolving markets. *Journal of marketing Research, 38*(4), 399–414.

Gardner, M. P. (1983). Advertising effects on attributes recalled and criteria used for brand evaluations. *Journal of Consumer Research, 10*(3), 310–318.

Hill, K. M., Fombelle, P. W., & Sirianni, N. J. (2016). Shopping under the influence of curiosity: How retailers use mystery to drive purchase motivation. *Journal of Business Research, 69*(3), 1028–1034.

Hunt. (1995). The subtlety of distinctiveness: What von Restorff really did. *Psychonomic Bulletin & Review, 2*(1), 105–112.

Isaacson, W. (2011). *Steve Jobs: Die autorisierte Biografie des Apple-Gründers.* C. Bertelsmann Verlag.

Jhang, J. H., Grant, S. J., & Campbell, M. C. (2012). Get it? Got it. Good! Enhancing new product acceptance by facilitating resolution of extreme incongruity. *Journal of Marketing Research, 49*(2), 247–259.

Kim, J., & Lakshmanan, A. (2015). How kinetic property shapes novelty perceptions. *Journal of Marketing, 79*(6), 94–111.

Lai, L., & Farbrot, A. (2014). What makes you click? The effect of question headlines on readership in computer-mediated communication. *Social Influence, 9*(4), 289–299.

Landwehr, J. R., Labroo, A. A., & Herrmann, A. (2011). Gut liking for the ordinary: Incorporating design fluency improves automobile sales forecasts. *Marketing Science, 30*(3), 416–429.

Landwehr, J. R., Wentzel, D., & Herrmann, A. (2012). The tipping point of design: How product design and brands interact to affect consumers' preferences. *Psychology & Marketing, 29*(6), 422–433.

Loken, B. & Ward, J. (1990). Alternative Approaches to Understanding the Determinants of Typicality. *Journal of Consumer Research, 17*(2), 111–126.

Mandler, G. (1982). The structure of value: Accounting for taste. In M. S. Clark & S. T. Fiske (Hrsg.), *Affect and cognition: The 17th annual carnegie symposium* (S. 3–36). Lawrence Erlbaum Associates.

Meyers-Levy, J., & Tybout, A. M. (1998). Schema congruity as a basis for product evaluation. *Journal of Consumer Research, 16*(1), 39–54.

Reich, T., Kupor, D. M., & Smith, R. K. (2018). Made by mistake: When mistakes increase product preference. *Journal of Consumer Research, 44*(5), 1085–1103.

Schnurr, B. (2017). The impact of a typical product design on consumer product and brand perception. *Journal of Brand Management, 24*(6), 609–621.

Sevilla, J., & Meyer, R. J. (2020). Leaving something for the imagination: The effect of visual concealment on preferences. *Journal of Marketing, 84*(4), 109–126.

Tversky, A. (1977). Features of similarity. *Psychological review, 84*(4), 327.

Von Restorff, H. (1933). Ober die Wirkung von Bereichsbildungen im Spurenfeld. *Psychologische Forschung, 18*, 299–342.

Warren, C., & Campbell, M. C. (2014). What makes things cool? How autonomy influences perceived coolness. *Journal of Consumer Research, 41*(2), 543–563.

4

Schritt 3: Offenheit bei Menschen für neue Ideen schaffen

Zusammenfassung Den dritten Schritt bei der Vermarktung einer neuen Idee stellt die Schaffung von Offenheit im Markt dar. Eine zentrale Rolle spielen dabei Ansätze, die dazu führen, dass Menschen mit einer neuen Idee ein gutes Gefühl verbinden und die sicherstellen, dass Menschen ein möglichst gutes Verständnis davon aufbauen, was genau hinter einer neuen Idee steckt.

Die folgenden Herangehensweisen können dabei helfen, Menschen an eine neue Idee systematisch heranzuführen und sie auf sachlicher und emotionaler Ebene zu öffnen.

Herangehensweise	Beschreibung	Abschnitt
Drei Argumente nennen	Beschränkung auf drei Argumente zur Vermeidung von Skepsis gegenüber einer neuen Idee	Abschn. 4.1
Gewöhnung schaffen	Wiederholte Darstellung zur Erreichung eines Gewöhnungseffekts mit einer neuen Idee	Abschn. 4.2

© Der/die Autor(en), exklusiv lizenziert an Springer Fachmedien Wiesbaden GmbH, ein Teil von Springer Nature 2023
D. Vogt, *Menschen für neue Ideen gewinnen*,
https://doi.org/10.1007/978-3-658-42303-2_4

Herangehensweise	Beschreibung	Abschnitt
Hohe Fluency erzielen	Erzielung einfacher Verarbeitung zur Schaffung hoher Glaubwürdigkeit mit einer neuen Idee	Abschn. 4.3
Vereinnahmende Sprache verwenden	Nutzung vereinnahmender Sprache zur Steigerung der Aufnahmefähigkeit rund um eine neue Idee	Abschn. 4.4
Halo Erlebnisse kreieren	Kreation von Halo Erlebnissen zur Erzielung einer positiven Grundeinstellung zu einer neuen Idee	Abschn. 4.5
Inkongruenzen auflösen	Auflösung des Nutzens hinter den Inkongruenzen einer neuen Idee zur Vermeidung von Verwirrung	Abschn. 4.6
Kognitive Flexibilität wecken	Aktivierung von kognitiver Flexibilität zur Steigerung der Verständlichkeit einer neuen Idee	Abschn. 4.7
Zielgruppen spiegeln	Spiegelung von Zielgruppen zur Erzielung eines Gefühls von Nähe zu einer neuen Idee	Abschn. 4.8
Analogien nutzen	Nutzung von Analogien zur einfachen und prägnanten Veranschaulichung einer neuen Idee	Abschn. 4.9
Visualisierung anregen	Anregung der Visualisierung von attraktiven Nutzungsszenarien rund um eine neue Idee	Abschn. 4.10
Direkte Erlebnisse gestalten	Schaffung von direkten Erlebnissen zur reichhaltigeren Vermittlung einer neuen Idee	Abschn. 4.11
Als Underdog positionieren	Positionierung als Underdog zur Weckung von Sympathie rund um eine neue Idee	Abschn. 4.12

4.1 Drei Argumente nennen

Lemonade ist eine innovative digitale Versicherung. Auf der eigenen Webseite nennt das Unternehmen lediglich drei Kernargumente: *„Alles im nu"*, *„Dufte Preise"* und *„Großes Herz"*. Hinter *„Alles im nu"* steckt hohe Schnelligkeit. Interessenten können innerhalb von wenigen Sekunden eine individuelle Versicherung abschließen. Hinter *„Dufte Preise"* stecken besonders attraktive Konditionen. Interessenten können bereits ab 2 € eine Hausrat- oder Haftpflicht-Versicherung abschließen.

Hinter „*Großes Herz*" steckt die hohe Fairness der Versicherung. Sie zahlt Ansprüche besonders schnell aus und spendet übriges Geld an einen guten Zweck. Lemonade setzt also auf drei Kernargumente bei der Kundengewinnung. Die Versicherung erzielt auf diese Weise eine besonders hohe Überzeugungskraft.

Woran liegt das? Studien haben gezeigt, dass zwei Argumente überzeugender wirken als ein Argument und drei Argumente überzeugender als zwei Argumente. Ab dem vierten Argument sinkt die Überzeugungskraft jedoch wieder, weil Menschen das Gefühl haben, dass man sie überredet.

Wir sollten diesen Zusammenhang bei der Vermarktung einer neuen Idee stets im Blick haben und Menschen lediglich die drei überzeugendsten Argumente an die Hand geben.

Wissenschaftlicher Hintergrund Forscher untersuchten in einer Studie, wie Menschen auf unterschiedliche Anzahlen von Argumenten im Marketing reagieren. Sie zeigten Teilnehmern Anzeigen für verschiedene Produkte. Diese enthielten zwischen einem und sechs Argumenten. Die Teilnehmer lasen die Anzeigen und bewerteten anschließend die Produkte. Sie gaben auch an, wie skeptisch sie den Anzeigen gegenüberstanden. Die Ergebnisse zeigten, dass die Bewertung der Produkte von einem auf zwei Argumente sowie von zwei auf drei Argumente stieg. Ab dem vierten Argument fiel die Bewertung deutlich ab. Dabei zeigte die Studie auch, dass die Skepsis gegenüber den Anzeigen ab dem vierten Argument sprunghaft anstieg. Dieser Effekt trat auf, weil Teilnehmer hier das Gefühl hatten, man redet sie in etwas rein (Shu & Carlson, 2014).

Eine andere Studie kam zum gleichen Ergebnis. Forscher zeigten Teilnehmern eine Anzeige für ein neues Öl für die Haut. Diese enthielt entweder ein, drei oder fünf Argumente für das Produkt. Die Ergebnisse zeigten, dass die Teilnehmer das Öl deutlich besser bewerteten, wenn die Anzeige drei anstatt einem oder fünf Argumenten enthielt (Wang et al., 2022).

Dabei zeigte eine weitere Studie das dieser Effekt auch auftrat, wenn Menschen die gleiche Botschaft mehr als dreimal in kurzer Zeit sahen. Forscher zeigten Studierenden ein Argument für die Erhöhung von Studiengebühren. Die Studierenden sahen es entweder einmal, dreimal oder fünfmal. Die Ergebnisse zeigten, dass die Zustimmung von einer auf drei Wiederholungen zunahm und bei fünf Wiederholungen wieder deutlich abnahm (Cacioppo & Petty, 1979).

Checkliste zur Anwendung

- Die innovative digitale Versicherung Lemonade gibt Interessenten drei zentrale Argumente für seine Haftpflicht und seine Hausratversicherung an die Hand.
- Dadurch erzielt sie eine besonders hohe Überzeugungskraft, weil Menschen bei mehr als drei Argumenten skeptisch werden und dadurch eine Abwehrhaltung entwickeln.
- Wir können diesen Effekt bei der Vermarktung einer neuen Idee nutzen, indem wir uns lediglich auf die drei überzeugendsten Argumente beschränken.

4.2 Gewöhnung schaffen

Im Jahr 1992 brachte der Rapper Dr. Dre das Album „*The Chronic*" heraus. Es stellte einen prägenden Meilenstein in der Geschichte des HipHop dar. Die erste Singleauskopplung war der Song „*Nuthin But a G Thang*". Er war bei seiner Veröffentlichung in vielerlei Hinsicht ungewöhnlich. Dadurch bestand die erhebliche Gefahr, dass der Song bei Menschen nicht richtig ankommen würde. Dr. Dre's damaliger Förderer Jimmy Iovine reagierte auf dieses Problem, indem er in großem Umfang Sendeplätze bei Radiosendern kaufte. Dadurch hörten Menschen den Song wieder und wieder, wodurch ein Gewöhnungseffekt einsetzte. Dieser verhalf der neuen Musik von Dr. Dre zu großem weltweiten Erfolg.

Jimmy Iovine machte auf diese Weise vom sogenannten Mere Exposure Effekt gebrauch. Er besagt, dass Menschen auf eine neue Idee umso positiver reagieren, je öfter sie ihr begegnen. Dahinter steckt ein simpler psychologischer Prozess. Die Verarbeitung einer neuen Idee fällt nämlich dem menschlichen Gehirn mit jeder neuen Interaktion einfacher und einfacher. Dies löst über die Zeit ein immer positiveres unterschwelliges Gefühl bei Menschen aus, dass sie auf eine neue Idee übertagen. Die Idee kommt dann über die Zeit immer besser an.

Wir können diesen Effekt bei der Vermarktung einer besonders neuartigen Idee nutzen, indem wir sie Menschen wieder und wieder zeigen. Dadurch erzielen wir einen Gewöhnungseffekt, der positive Emotionen auslöst und dadurch Menschen Stück für Stück für die Idee öffnet.

Wissenschaftlicher Hintergrund Forscher machten ein Experiment zum Einfluss von Wiederholung auf die Beurteilung von Objekten. Sie zeigten englischsprachigen Teilnehmern 12 türkische Wörter für jeweils zwei Sekunden. Sie wiederholten diesen Vorgang 0-, 1-, 2-, 5-, 10- oder 25-mal. Die Teilnehmer gaben anschließend für jedes Wort an, ob es eher etwas Gutes oder Schlechtes bedeutete. Die Ergebnisse zeigten, dass Teilnehmer in den Untersuchungsgruppen mit 5, 10 oder 25 Wiederholungen die Wörter deutlich positiver bewerteten als Teilnehmer in den Untersuchungsgruppen mit 0, 1 oder 2 Wiederholungen. Dies war der Beweis für den Mere Exposure Effect (Zajonc, 1968).

Er wirkt jedoch nicht ins Unendliche. Wenn Menschen etwas wieder und wieder sehen, tritt irgendwann ein Gefühl der Langeweile auf. Sie reagieren dann mit Desinteresse, was in extremen Fällen sogar zur Abneigung führen kann (Bornstein & D'Agostino, 1994).

Wie früh oder spät dieser Effekt eintritt, hängt dabei von der sogenannten Typikalität eines Objekts oder einer Idee ab. Bei typischen Objekten und Ideen tritt der Effekt der Langeweile früher ein. Bei untypischen Objekten und Ideen tritt dieser Effekt erst später ein.

Dies zeigte eine Studie im Bereich der Wirkung von Produktdesigns. Forscher zeigten darin typische und untypische Designs von Fahrzeugen. Sie variierten dabei, wie oft die Teilnehmer die Fahrzeuge sahen. Die Ergebnisse zeigten, dass Teilnehmer bei einer niedrigen Anzahl an Wiederholungen besser auf typische Designs reagierten. Demgegenüber reagierten sie bei hoher Anzahl an Wiederholungen besser auf untypische Designs (Landwehr et al., 2013).

In einer weiterführenden Studie wiesen die Forscher diesen Effekt sogar für tatsächliche Absatzzahlen von Fahrzeugen in Deutschland nach. Sie teilten die Fahrzeuge in zwei Gruppen ein. Eine Gruppe mit eher typischen bzw. gewöhnlichen Designs von Fahrzeugen und eine

Gruppe mit eher untypischen bzw. ungewöhnlichen Designs (Landwehr et al., 2013).

Die Ergebnisse zeigten, dass die Absatzzahlen der Fahrzeuge mit typischen Designs früher anstiegen und früher abflachten. Die Ergebnisse zeigten ebenfalls, dass die Absatzzahlen der untypischen Designs später anstiegen und später abflachten (Landwehr et al., 2013).

Checkliste zur Anwendung

- Der Musik-Produzent Jimmy Iovine nutzte den Mere Exposure Effekt bei der Vermarktung der neuartigen Musik des Albums *„The Chronic"* von Dr. Dre.
- Iovine kaufte umfassende Sendeplätze bei Radiostationen, um den Titel *„Nuthin But a G Thang"* im Rahmen seiner Veröffentlichung wieder und wieder zu spielen.
- Auf diese Weise erzielte er einen Gewöhnungseffekt bei Menschen, der positive Gefühle auslöste, die sie auf den neuen Song übertrugen und ihn so zum weltweiten Hit machten.
- Wir können diesen Effekt bei der Vermarktung einer besonders neuartigen Idee nutzen, indem wir sie Menschen wieder und wieder zeigen und sie so daran gewöhnen.

4.3   Hohe Fluency erzielen

Im Jahr 2010 führte Apple das erste iPad ein. Es etablierte eine vollkommen neue Produkt-Kategorie irgendwo zwischen einem Smartphone und einem Laptop. Die Landing-Page zu dem Gerät hatte einen komplett weißen Hintergrund. Die Überschrift lautete *„iPad is here"*. Die Unterüberschrift *„A magical and revolutionary device at an unbelievable price"*. Beide waren mittig ausgerichtet. Das Highlight war eine große, symmetrische Aufnahme des iPads, das in seiner schwarzen Farbe klar vor einem vollkommen weißen Hintergrund hervorstach.

Apple nutzte dadurch den sogenannten Fluency Effekt. Er besagt, dass wir umso positiver auf eine neue Idee reagieren, je einfacher und damit flüssiger ihre Verarbeitung fällt. Dabei nutzte Apple drei zentrale Stellhebel von Fluency: Einfachheit, Symmetrie sowie eine kontrastreiche Darstellung. Einfachheit erzielte Apple durch kurze einfache Botschaften. Symmetrie erzielte Apple durch die mittige Ausrichtung der Botschaften sowie die mittige Abbildung des iPads. Eine kontrastreiche Darstellung erzielte Apple durch die Darstellung des schwarzen Textes sowie des schwarzen iPads auf einem vollkommen weißen Hintergrund.

Wir können diesen Effekt bei der Vermarktung einer neuen Idee nutzen, indem wir sicherstellen, dass Menschen Informationen rund um unsere Idee einfach verarbeiten können. Dadurch erzielen wir hohe Fluency, die Menschen für eine neue Idee öffnet.

Wissenschaftlicher Hintergrund Forscher führten ein Experiment zur Beurteilung von Informationen durch. Sie zeigten den Teilnehmern eine Reihe von Statements wie zum Beispiel „*Orsono ist in Chile*". Die Statements hatten eher hohen oder eher niedrigen Kontrast zum Hintergrund (vgl. Abb. 4.1). Dadurch war auch ihre Leserlichkeit entweder hoch oder niedrig. Die Ergebnisse zeigten, dass die Teilnehmer ein und dasselbe Statement eher als wahr einstuften, wenn seine Leserlichkeit hoch und damit seine Verarbeitung einfach war (Reber & Schwarz, 1999).

Statement mit
niedrigem Kontrast

Statement mit
hohem Kontrast

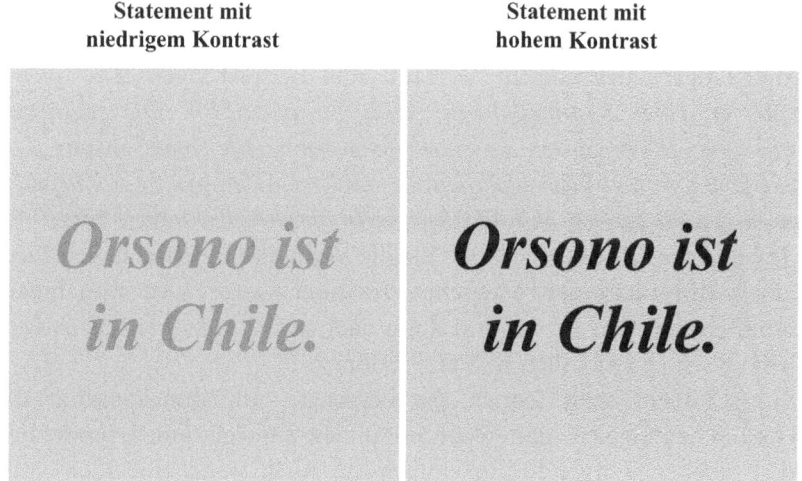

Abb. 4.1   Statement mit niedrigem und hohem Kontrast

Forscher wiesen darüber hinaus nach, dass hohe Fluency auch positive Gefühle bei Menschen weckte, die zu hohen Massen an Offenheit und Wohlwollen führten (Graf & Landwehr, 2015).

Checkliste zur Anwendung

- Apple führte im Jahr 2010 das erste iPad ein und erzielte hohe Offenheit gegenüber dem neuartigen Gerät mithilfe von einfacher Verarbeitung, die zu hoher Fluency führte.
- Apple nutzte hierzu drei Stellhebel von Fluency: Einfachheit im Sinne von stark reduzierten Botschaften, Symmetrie im Sinne von einer mittigen Ausrichtung von Texten und Botschaften sowie eine kontrastreiche Darstellung auf einem weißen Hintergrund.
- Wir können diesen Effekt bei der Vermarktung einer neuen Idee nutzen, indem wir eine besonders einfache und flüssige Verarbeitung der Idee erzielen, die Menschen öffnet.

4.4 Vereinnahmende Sprache verwenden

Wenn eine Marke ein neuartiges Gerät wie zum Beispiel ein neues Smartphone einführt, kann sie ein und dieselbe Botschaft auf unterschiedliche Weise ausdrücken. Sie kann kurze anstatt langer Begriffe nutzen. Zum Beispiel kann sie den kürzeren Begriff „Smartphone" statt des längeren Begriffs „Mobiltelefon" verwenden. Sie kann ebenfalls kurze anstatt langer Sätze nutzen. Sie kann zum Beispiel sagen „Das Smartphone hat einen leistungsfähigen Akku. Er hält 24 h. Die eingebaute Kamera hat 48 Megapixel. Sie schießt gestochen scharfe Fotos." anstatt „Das Smartphone verfügt über einen leistungsfähigen Akku, der 24 h hält sowie eine eingebaute Kamera mit 48 Megapixeln für gestochen scharfe Fotos."

Inwiefern spielt das eine Rolle für die Vermarktung einer neuen Idee? Je mehr Informationen Menschen zu einer neuen Idee aufnehmen, desto mehr leuchtet sie ein und desto eher ist ihr Mehrwert ersichtlich. Die Folge ist eine deutlich bessere Resonanz.

Ein Problem stellt jedoch die begrenzte Aufnahmekapazität des menschlichen Gehirns dar. Wenn es zu viele Informationen verarbeiten muss, schaltet es irgendwann einfach ab. Auch wenn eine Idee einen großen Mehrwert bietet, werden Menschen dann nie davon erfahren.

Dies erfordert geeignete Strategien, die einem solchen Sättigungs-effekt entgegenwirken. Ein möglicher Ansatz ist die Nutzung von kurzen Wörtern und Sätzen. Menschen können sie deutlich einfacher verarbeiten. Die Folge ist höhere Aufnahmefähigkeit von Informationen, was zu einer intensiveren Auseinandersetzung mit einer neuen Idee führt. Menschen bauen dadurch ein besseres Verständnis rund um die Idee auf, wodurch sie attraktiver erscheint.

Wir können diesen Effekt bei der Vermittlung einer neuen Idee nutzen, indem wir gezielt versuchen, die Aufnahmefähigkeit von Menschen zu steigern. Die Wissenschaft hat eine Reihe von einfachen psychologischen Hebeln aufgedeckt, die wir hierfür nutzen können.

Wissenschaftlicher Hintergrund Berger et al. (2022) führten eine Analyse des Informationsverhaltens auf Webseiten durch. Sie untersuchten 600.000 Besuche auf 35.000 Einzelseiten. Die Studie ging der Frage auf den Grund, welche Eigenschaften von Sprache den Konsum von Inhalten auf Webseiten erhöhen.

Sie erfassten hierzu die zentralen sprachlichen Merkmale jeder Einzelseite. Sie ermittelten darüber hinaus die Anzahl der Textpassagen, die Besucher auf den 35.000 Einzelseiten lasen. Grundlage bildete das Scroll-Verhalten. Je weiter Besucher auf einer Einzelseite scrollten, desto mehr Informationen nahmen sie auf. Die Studie identifizierte fünf sprachliche Hebel mit besonders starker Wirkung auf den Konsum von Inhalten (Berger et al., 2022):

- Kurze Wörter und Sätze steigerten den Konsum von Inhalten um 24,4 %
- Konkrete Sprache steigerte den Konsum von Inhalten um 15,7 %
- Alltägliche Sprache steigerte den Konsum von Inhalten um 9,6 %
- Emotional unsichere Sprache steigerte den Konsum von Inhalten um 14 %

Die Studie zeigte auch, dass kurze Wörter und Sätze, konkrete Sprache sowie alltägliche Sprache vereinnahmend wirkten, weil sie eine einfache Verarbeitung von Informationen ermöglichten. Dadurch blieben Menschen länger am Ball (Berger et al., 2022).

Die Studie zeigte darüber hinaus, dass emotional unsichere Sprache vereinnahmend wirkte, weil sie unterbewusst eine Wissenslücke weckte. Eine starke Wirkung hatten in diesem Zusammenhang Emotionen, die Menschen mit Unsicherheit verbanden wie zum Beispiel Hoffnung oder Angst. Emotionen wie Wut oder Freude, die Menschen eher mit Sicherheit verbanden, hatten hingegen eine weniger vereinnahmende Wirkung (Berger et al., 2022).

Checkliste zur Anwendung

- Je mehr Informationen Menschen rund um eine neue Idee aufnehmen, desto mehr leuchtet sie ein und desto positiver ist die Resonanz, die sie erzeugt.
- Menschen haben jedoch eine begrenzte Aufnahmekapazität, wodurch die große Gefahr besteht, dass sie wichtige Informationen zu einer neuen Idee nicht mitbekommen.
- Wir sollten vor diesem Hintergrund geeignete Strategien entwickeln, die zu mehr Aufnahmefähigkeit führen und so die Offenheit gegenüber einer neuen Idee steigern.
- Mögliche Ansätze sind die Nutzung von kurzen Wörtern und Sätzen sowie die Verwendung von konkreter, alltäglicher oder emotional unsicherer Sprache.

4.5   Halo Erlebnisse kreieren

Produkte von Apple stechen durch ihr attraktives Design hervor. Sie haben dadurch hohe ästhetische Anziehungskraft, die unmittelbar auf die Kauf- und Zahlungsbereitschaft wirkt.

Das Design von Apple hat darüber hinaus einen hilfreichen psychologischen Nebeneffekt. Er spielt eine zentrale Rolle bei der Vermarktung von neuen Lösungen des Unternehmens. Die Wissenschaft bezeichnet ihn als Halo Effekt. Dahinter steckt das Phänomen, dass Menschen von positiven Eigenschaften in einer Dimension auch auf positive Eigenschaften in anderen Dimensionen schließen. Im Fall von Apple heißt das, dass Menschen vom attraktiven Design neuer Geräte der Marke automatisch auf andere positive Eigenschaften schließen, wie zum Beispiel hohe Qualität, Funktionalität oder Nutzerfreundlichkeit.

Der Halo Effekt wirkt darüber hinaus auch auf einer zweiten Ebene: der Marke. Was dahinter steckt, zeigt ein Experiment, das ich regelmäßig in einem meiner Marketing-Kurse an der Universität St. Gallen durchführe. Ich bitte Studierende darin, sich vorzustellen, dass Apple ein neues Auto auf den Markt bringt. Sie sollen die Hand heben, wenn sie den Kauf des Fahrzeugs grundsätzlich in Erwägung ziehen würden. In der Regel gehen die meisten Hände hoch. Ich bitte die Studierenden als nächstes, sich vorzustellen, dass eine deutsche Automarke wie zum Beispiel BMW, Mercedes oder Audi ein neues Smartphone auf den Markt bringt. Die Studierenden sollen ebenfalls die Hand heben, wenn ein Kauf für sie grundsätzlich infrage kommen würde. Meistens gehen deutlich weniger Hände hoch. Ich frage die Studierenden dann immer, warum sie so entscheiden würden. Die Antwort ist jedes Mal die gleiche. Sie trauen der Marke Apple deutlich eher zu, ein revolutionäres Auto zu entwickeln als BMW, Mercedes oder Audi ein revolutionäres Smartphone. Genau an dieser Stelle tritt der Halo Effekt auf.

Menschen haben in der Vergangenheit gelernt, dass Apple bereits eine Reihe von Produktkategorien erfolgreich revolutionieren konnte. Wenn Apple eine neue Lösung einführt, erwarten sie automatisch den Erfolg, den die Marke mit vorangegangenen Markteinführungen verzeichnen konnte. Menschen reagieren dadurch auf neue Produkte von Apple mit deutlich höherer Offenheit als auf neue Produkte anderer Marken.

Wir können den Halo Effekt bei der Vermarktung einer neuen Idee nutzen, indem wir einerseits auf ein besonderes ästhetisches Design setzen. Wir können ihn andererseits nutzen in dem wir aufzeigen, wie wir bereits andere neue Ideen erfolgreich platzieren konnten.

Wissenschaftlicher Hintergrund Forscher zeigten den Teilnehmern einer Studie ein kurzes Video. Dieses enthielt ein Interview mit einem Hochschullehrer. Er sprach in einer Version auf freundliche und nahbare Weise. In einer zweiten Version sprach er auf distanzierte Weise. Die Teilnehmer bewerteten anschließend den Hochschullehrer in verschiedenen Dimensionen. Die Ergebnisse zeigten, dass der Hochschullehrer bei der nahbaren Version des Videos deutlich höflicher und attraktiver erschien als bei der distanzierten Version (Nisbett & Wilson, 1977). Diese Ergebnisse lieferten einen klaren Beweis für den Halo Effekt.

Eine weiterführende Studie wies ihn auch bei der Beurteilung von Haushaltsgeräten nach. Forscher zeigten Teilnehmern einer Studie zwei Wasserkocher. Einen mit hoher und einen mit niedriger Leistung. In einer Untersuchungsgruppe hatten beide Wasserkocher das gleiche Design. In einer zweiten Untersuchungsgruppe war das Design des leistungsschwächeren Geräts attraktiver. Die Ergebnisse zeigten, dass der Großteil den leistungsfähigeren Wasserkocher als technisch überlegen beurteilte, wenn beide das gleiche Design hatten. Wenn jedoch der leistungsschwächere Wasserkocher ein attraktiveres Design hatte, bewerteten deutlich weniger Teilnehmer das leistungsfähigere Gerät als technisch überlegen (Crolic et al., 2019).

Eine ähnliche Studie belegte den Halo Effekt auch im Zusammenhang mit der Beurteilung von Investments. Teilnehmer sahen den Geschäftsbericht eines Unternehmens. Dieser hatte entweder ein ästhetisches oder ein neutrales Design. Die Ergebnisse zeigten, dass die Teilnehmer die zukünftige Entwicklung des Unternehmens deutlich positiver beurteilten, wenn der Geschäftsbericht ästhetisch ansprechend war (Townsend & Shu, 2010).

Praktische Anwendung

- Der Halo Effekt besagt, dass Menschen von positiven Eigenschaften einer Idee in einer Dimension auch auf positive Eigenschaften in anderen Dimensionen schließen.
- Apple profitiert von diesem Effekt bei der Vermarktung seiner innovativen Lösungen, da das Unternehmen hohen Wert auf die Gestaltung eines attraktiven Designs legt sowie bereits wiederholt revolutionäre technische Geräte erfolgreich platzieren konnte.
- Wir können diesen Effekt bei der Vermarktung einer neuen Idee nutzen, indem wir auf eine ansprechende Ästhetik setzen und aufzeigen, dass wir in der Vergangenheit Menschen bereits erfolgreich mit anderen Ideen überzeugen und begeistern konnten.

4.6 Inkongruenzen auflösen

Kap. 3.2 dieses Buchs ging auf das Thema Inkongruenz ein. Dahinter steckt der Grad, zu dem eine neue Idee von bestehenden Ideen abweicht. In bestimmten Fällen kann eine besonders ausgeprägte Inkongruenz zu einer vollkommen neuen und eigenständigen Produktkategorie führen. Prominente Beispiele sind das iPhone oder Staubsauger von Dyson.

Hohe Inkongruenz hat den Vorteil, dass sie einer neuen Idee zu hoher Aufmerksamkeit verhilft und dadurch Interesse weckt. Sie hat gleichzeitig jedoch den Nachteil, dass sie Menschen überfordert. Da besonders inkongruente neue Ideen so ungewöhnlich sind, können Menschen oft nur schwer Sinn aus ihnen machen. Die Folge ist dann eine Abwehrhaltung (Meyers-Levy & Tybout, 1998).

Wir können dieses Problem nur lösen, indem wir den konkreten Mehrwert hinter hohen Inkongruenzen einer neuen Idee aufzeigen. Wie das in der Praxis funktioniert, zeigen die Beispiele zu den Markteinführungen des iPhones sowie der Staubsauger von Dyson.

Das iPhone erschien besonders inkongruent, weil ein zentrales Merkmal fehlte: die Tastatur. Dies weckte Irritationen bei Menschen. Apple löste deshalb den Nutzen hinter dem ungewöhnlichen Design des Geräts auf. Steve Jobs zeigte bei der Vorstellung des iPhones auf, dass klassische Tastaturen starr waren, jedoch die vielfältigen Applikationen von Smartphones unterschiedliche Benutzeroberflächen benötigten. Er führte fort, dass das iPhone dieses Problem mit seinem Touchscreen löste. Es erlaubte eine individuell gestaltete digitale Benutzeroberfläche für eine optimale Interaktion mit jeder einzelnen Applikation.

Staubsauger von Dyson erschienen ebenfalls besonders inkongruent, weil ein zentrales Merkmal fehlte: der Staubsaugerbeutel. Er war ein integraler Bestandteil von herkömmlichen Staubsaugern. Dyson löste diese Inkongruenz auf. Das Unternehmen betonte, dass die Poren von Staubsaugerbeuteln mit der Zeit verstopften. Dies führte zu einem Verlust von Saugkraft. Aufgrund des fehlenden Staubsaugerbeutels hatten Dyson-Geräte dieses Problem nicht.

Wir können diesen Effekt bei der Vermarktung einer neuen Idee nutzen, indem wir den konkreten Nutzen hinter besonders hohen Inkongruenzen klar und deutlich hervorheben.

Wissenschaftlicher Hintergrund Forscher stellten Teilnehmern eines einfachen Experiments vitaminversetzten Vodka vor, der sehr inkongruent im Vergleich zu typischen Vodka erschien, da Vodka und Vitamine weder auf den ersten noch auf den zweiten Blick zusammenpassten (vgl. Abb. 5 in Kap. 3.2). In einer Gruppe lösten die Forscher den Nutzen hinter der extremen Inkongruenz des Produkts auf. Sie wiesen darauf hin, dass Vodka dehydrierend wirkte und er dadurch zu einem Verlust wichtiger Stoffe im Körper führte. Sie erklärten weiter, dass vitaminversetzter Vodka diesem Effekt entgegenwirkte und so den Kater linderte. Eine zweite Gruppe von Teilnehmern erhielt keine zusätzlichen Informationen zu dem Vodka (vgl. Abb. 4.2) (Jhang et al. (2012).

Die Ergebnisse zeigten, dass die Teilnehmer positiver auf den Vodka reagierten, wenn die Forscher den Nutzen hinter seiner hohen Inkongruenz auflösten (Jhang et al., 2012).

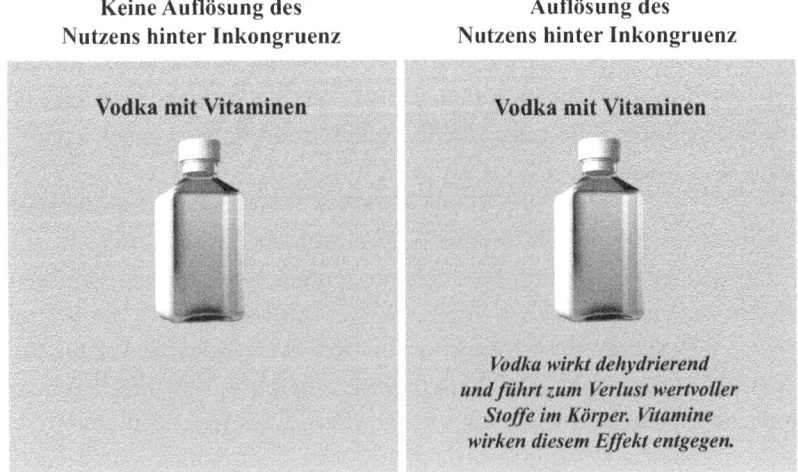

Abb. 4.2 Extrem inkongruentes Produkt ohne und mit Auflösung des Nutzens

Checkliste zur Anwendung

- Apple löste den Nutzen hinter dem ungewöhnlichen Design des iPhones ohne klassische Tastatur auf, indem das Unternehmen herausarbeitete, dass der innovative Touchscreen des Geräts für jede Applikation eine individuelle Benutzeroberfläche ermöglichte.
- Dyson lösten den Nutzen hinter dem ungewöhnlichen Design seiner Staubsauger auf, indem das Unternehmen aufzeigte, dass aufgrund des fehlenden Beutels kein Saugkraftverlust wie bei herkömmlichen Staubsaugern mit Beutel auftrat.
- Wir können diesen Effekt bei der Vermarktung einer neuen Idee nutzen, indem wir den konkreten Nutzen hinter besonders hohen Inkongruenzen auf plakative Weise aufzeigen.

4.7 Kognitive Flexibilität wecken

Das vorangegangene Kapitel hat aufgezeigt, dass Menschen auf eine Idee mit besonders hoher Inkongruenz nur dann positiv reagieren, wenn sie den Nutzen dahinter verstehen. Ein klarer Hinweis auf diesen Nutzen stellt eine Möglichkeit zur Lösung dieser Problematik dar. Ein zweiter Lösungsansatz kann die Förderung von sogenannter kognitiver Flexibilität sein.

Kognitive Flexibilität ist eine geistige Haltung, in der Menschen mit hoher Offenheit an eine Situation herangehen und Dinge aus verschiedenen Perspektiven betrachten. Das Gehirn stellt in diesem Zustand auch ungewöhnliche Verbindungen zwischen Ideen und Konzepten her. Menschen können dadurch deutlich eher Widersprüche auflösen und den Nutzen hinter einer besonders inkongruent erscheinenden neuen Idee erkennen (Murray et al., 1990).

Apple ist eine Marke, die sich diesen Effekt erfolgreich zunutze machen konnte.

Im Zuge des eigenen Turnarounds in den 1990er Jahren kreierte Apple die Image-Kampagne „*Think Different*". Sie zeigte verschiedene außergewöhnliche Menschen in der Geschichte, die durch ihre andersartigen Ansichten und ihr andersartiges Denken echte Veränderung herbeigeführt und die Welt nachhaltig geprägt hatten. Darunter Persönlichkeiten wie Albert Einstein, Mahatma Ghandi, Pablo Picasso oder

Mutter Theresa. Die Kampagne verhalf Apple zu hohem Aufsehen und zu hoher Anerkennung. Dabei etablierte sie auch das bis heute wirkende Mantra der Marke Apple: „*Think Different*“. In Deutsch: „*Denke das Andere*“. Es stiftet Menschen dazu an, kreativ zu denken und Dinge aus unterschiedlichen Perspektiven zu betrachten. Apple förderte dadurch kognitive Flexibilität. Dies hatte zur Folge, dass Menschen deutlich eher den Mehrwert hinter den neuen Lösungen der Marke erkannten.

Die Aktivierung von kognitiver Flexibilität muss nicht unbedingt direkt erfolgen. Sie kann auch indirekt durch die Auslösung von positiven Emotionen erfolgen. Die Wissenschaft hat herausgefunden, dass positive Emotionen einen entspannten mentalen Zustand wecken, in dem Menschen eher kreativ denken und auf Dinge aus verschiedenen Winkeln blicken.

Salesforce ist ein Unternehmen, das sich diesen Effekt zunutze machte. Eine zentrale Rolle spielte dabei der besonders lebendige und positiv wirkende Auftritt der Marke. Dieser bildete eine besonders optimistisch erscheinende Phantasiewelt mit sympathischen Charakteren ab. Salesforce weckte so positive Emotionen und förderte kognitive Flexibilität. Menschen reagierten dadurch mit deutlich höherer Offenheit auf die innovativen Lösungen der Marke.

Wir können diesen Effekt bei der Vermarktung einer neuen Idee nutzen, indem wir kognitive Flexibilität entweder direkt fördern oder sie indirekt über positive Emotionen auslösen.

Wissenschaftlicher Hintergrund Forscher untersuchten in einem Experiment, wie kognitive Flexibilität auf die Wahrnehmung einer ungewöhnlichen Idee wirkte. Teilnehmer erhielten hierzu eine Geschichte über eine Cola-Dose, die an einem heißen Tag in einem Auto explodiert war (Jhang et al., 2012).

Die Teilnehmer erhielten in einer Untersuchungsgruppe eine mögliche Erklärung für die Explosion der Dose. Sie bewerteten anschließend, wie glaubwürdig sie die Erklärung fanden. Die Forscher weckten auf diese Weise geringe kognitive Flexibilität. In einer zweiten Untersuchungsgruppe bekamen die Teilnehmer die Aufgabe, den Vorfall aus verschiedenen Perspektiven zu betrachten. Sie sollten dabei an möglichst viele Erklärungen für die Explosion der Dose denken. Die Forscher weckten auf diese Weise hohe kognitive Flexibilität. Anschließend bewerteten alle Teilnehmer ein besonders neuartiges Produkt (Jhang et al., 2012).

Teilnehmer in der Untersuchungsgruppe mit hoher kognitiver Flexibilität bewerteten das Produkt deutlich besser als die Teilnehmer in der Untersuchungsgruppe mit geringer kognitiver Flexibilität. Dieser Effekt trat auf, weil ein hoher Grad an kognitiver Flexibilität dazu führte, dass Teilnehmer eher den Nutzen hinter der dem besonders neuartigen Produkt erkannten (Jhang et al., 2012).

Eine weiterführende Studie zeigte diesen Effekt durch Manipulation von positiven Gefühlen. Teilnehmer bekamen in einer Untersuchungsgruppe die Aufgabe, an ein positives Erlebnis zu denken und darüber einen kurzen Absatz zu schreiben. Teilnehmer in einer zweiten Untersuchungsgruppe bekamen die Aufgabe, an ein neutrales Erlebnis zu denken und darüber ebenfalls einen kurzen Absatz zu schreiben. Anschließend erhielten sie Beschreibungen von besonders ungewöhnlichen Produkten wie zum Beispiel von schwarzem Toilettenpapier oder kohlensäurehaltiger Milch. Die Ergebnisse zeigten, dass die positiven Gefühle höhere kognitive Flexibilität als die neutralen Gefühle weckten. Dies führte zu einer besseren Bewertung der Produkte. Dabei zeigte die Studie auch, dass Teilnehmer in der Untersuchungsgruppe mit positiven Gefühlen eher einen Nutzen hinter den sehr ungewöhnlichen Produkten erkannten (Jhang et al., 2012).

Ähnliche Ergebnisse zeigte eine weitere Studie. Forscher stellten Teilnehmern eines Labor-Experiments einen besonders innovativen digitalen Mixer vor. Sie variierten dabei das Licht im Raum. In einer Untersuchungsgruppe war das Licht mit 900 lx sehr hell. In einer zweiten Untersuchungsgruppe war das Licht mit 150 lx gedimmt. Die Ergebnisse zeigten, dass das gedimmte Licht die Teilnehmer in einen entspannten emotionalen Zustand versetzte, der die kognitive Flexibilität förderte. Die Teilnehmer reagierten dadurch bei dunklem Licht im Raum deutlich positiver auf den innovativen Mixer als bei hellem Licht (Wang et al., 2019).

Praktische Anwendung

- Kognitive Flexibilität ist eine Geisteshaltung, in der Menschen besonders kreativ an eine Situation herangehen und die Dinge aus verschiedenen Perspektiven betrachten.
- Menschen sind in diesem Zustand eher in der Lage, auch sehr extreme Inkongruenzen aufzulösen und den konkreten Nutzen hinter einer sehr neuartigen Idee zu erkennen.
- Apple fördert kognitive Flexibilität durch das Marken-Mantra *„Think Different"*, welches Menschen für die oft sehr innovativen neuen Angebote des Unternehmens öffnet.
- Salesforce fördert kognitive Flexibilität durch seinen lebendigen und optimistischen Markenauftritt, der positive Emotionen weckt und dadurch Menschen für seine innovativen Lösungen im Bereich Customer Relationship Management öffnet.
- Wir können ebenfalls die Offenheit gegenüber einer sehr neuartigen Idee steigern, indem wir kognitive Flexibilität entweder direkt oder indirekt über positive Emotionen fördern.

4.8   Zielgruppen spiegeln

First Round Capital ist ein führender Venture Capital Geber mit Sitz in den USA. Das Unternehmen investiert in sehr frühen Phasen in innovative Startups. Zu den Investments der Firma zählen erfolgreiche Marken wie zum Beispiel Notion, Roblox, Uber oder Square. First Round bietet Gründern dabei aktive Unterstützung beim Aufbau ihrer Unternehmen. So auch im Rahmen der Gewinnung von Kunden für ihre oft sehr innovativen Ideen.

Einen wichtigen Erfolgsfaktor beim Marketing neuer Lösungen stellt laut First Round der so genannte Language/Market Fit dar. Dahinter steckt die Art und Weise wie ein Unternehmen seinen Mehrwert ausdrückt. Je mehr die Beschreibung der Vorteile eines Angebots die Art und Weise widerspiegelt, wie eine Zielgruppe über die eigenen Bedürfnisse oder Probleme nachdenkt, desto höher der Language/Market Fit und desto höher die Kaufbereitschaft.

Als Beispiele für die hohe Wirkung von Language/Market Fit führt First Round den Anbieter von Fotobüchern Popsa, das Medizinunternehmen Peer Medical sowie die Sportplattform MatchPint. Die

Unternehmen konnten ihre Conversion Raten deutlich steigern, indem sie ihre Wertangebote umformulierten und in der Sprache ihrer Zielgruppen ausdrückten. MatchPint wechselte beispielsweise von der alten Formulierung *„Make the most of sport in your pub"* zur neuen Formulierung *„Get more sports fans in your pub, more often"*. Dadurch erzielte das Unternehmen eine Versechsfachung seiner Conversion Rate. In ähnlicher Weise konnte Popsa eine Vervierfachung und Peer Medical eine Verfünffachung der Conversion Raten erreichen.

Wir können diesen Effekt nutzen und hohe Offenheit für eine neue Idee schaffen, indem wir die Sprache unserer Zielgruppe gezielt aufgreifen. Wir sollten die Zielgruppe hierzu ihre Probleme und Bedürfnisse in ihren eigenen Worten beschreiben lassen. Auf dieser Basis sollten wir bei der Beschreibung der Idee die Sprache der Zielgruppe aufgreifen.

Wissenschaftlicher Hintergrund Forscher führten ein Experiment im Bereich der Überzeugung in Verkaufsgesprächen durch. Teilnehmer übernahmen entweder die Rolle eines Käufers oder Verkäufers in einer fiktiven Verhandlung. Die Forscher teilten die Käufer in zwei Gruppen ein (Maddux et al., 2008).

Eine Gruppe war die Nachahmer-Gruppe. Sie erhielt die Anweisung, die Sprache, Gestik und Mimik ihres Gegenübers in den Verhandlungen nachzuahmen. Eine zweite Gruppe war die Kontroll-Gruppe. Sie erhielt keine Anweisung von den Forschern (Maddux et al., 2008).

Die Ergebnisse zeigten, dass die Käufer in der Nachahmer-Gruppe in 67 % der Fälle ein erfolgreiches Ergebnis in Verhandlungen erzielten. Die Käufer in der Kontroll-Gruppe erzielten lediglich in 13 % der Fälle ein erfolgreiches Ergebnis (Maddux et al., 2008).

Ähnliche Ergebnisse lieferte eine Studie in einem Geschäft für Elektronik. Forscher teilten die Verkäufer in zwei Gruppen ein. Eine Gruppe sollten die Sprache von Kunden aufgreifen. Wenn beispielsweise ein Kunde kam und sagte *„Können Sie mir helfen, einen MP3-Player auszusuchen?"* sollten die Verkäufer antworten: *„Gerne helfe ich ihnen, einen geeigneten MP3-Player auszusuchen."* Eine zweite Gruppe erhielt lediglich die Anweisung mit *„Gerne helfe ich Ihnen weiter"* zu antworten. Die Ergebnisse zeigten, dass die Verkäufer deutlich überzeugender wirkten, wenn sie die Sprache von Kunden aufgriffen (Jacob et al., 2011).

Dieser Effekt trat auf, weil Menschen eine stärke persönliche Verbindung zu anderen Personen aufbauten, die ihre Sprache, Gestik oder Mimik aufgriffen (Jacob et al., 2011).

Praktische Anwendung

- Der erfolgreiche Venture Capital Finanzierer First Round unterstützt Startups bei der Vermarktung neuer Lösungen und setzt dabei auf einen hohen Language/Market Fit.
- Dahinter steckt der Grad, zu dem ein Unternehmen ein neues Angebot sowie den damit verbundenen Mehrwert in der spezifischen Sprache der eigenen Zielgruppe ausdrückt.
- Wir können diesen Ansatz nutzen, indem wir den typischen Wortschatz oder typische Formulierungen unserer Zielgruppe bei der Vermarktung einer neuen Idee aufgreifen.
- Die Zielgruppe findet sich dann eher in der Idee wieder und reagiert mit mehr Offenheit.

4.9   Analogien nutzen

Die Laufschuhe der Schweizer Marke On verfügen über eine besondere Sohle, die nicht nur für eine weiche Landung sorgt, sondern auch für einen explosiven Abstoß. Dies führt zu einem besonders schonenden und gleichzeitig energiegeladenen Lauferlebnis. On konnte sich damit in nur wenigen Jahren als ernst zu nehmender Player im Bereich der Laufschuhe etablieren und so sogar dominanten Marken wie Nike oder Adidas unter Druck setzen.

Einen zentralen Baustein dieses Erfolgs stellte die einfache und prägnante Vermittlung des besonderen Lauferlebnis von On Laufschuhen dar. Hierzu nutzte die Marke eine Analogie. Sie verglich das Laufen mit On mit dem Laufen auf Wolken. Der Claim lautete entsprechend *„Run on clouds"*. Die außergewöhnliche Sohle bestehend aus einzelnen Kammern erhielt den geschützten Markennamen Cloudtec. So war der Mehrwert deutlich klarer ersichtlich.

Wir können diesen Effekt bei der Vermarktung einer neuen Idee nutzen, indem wir ihren Nutzen mithilfe einer geeigneten Analogie ausdrücken. Die Idee ist dadurch viel einfacher verständlich und nachvollziehbar. Menschen reagieren dann mit deutlich mehr Offenheit.

Wissenschaftlicher Hintergrund Forscher führten ein Experiment zum Thema Wahrnehmung innovativer Lösungen durch. Sie stellten Teilnehmern einen innovativen Personal Digital Assistant (PDA) vor. Diese Geräte waren die ersten Vorgänger von modernen Smartphones. Sie erlaubten zum Beispiel das digitale Verwalten von persönlichen Kontakten und Terminen (Gregan-Paxton et al., 2002).

Die Studie untersuchte zwei Untersuchungsgruppen: eine Kontroll- und eine Analogie-Untersuchungsgruppe. Teilnehmer in der Kontroll-Untersuchungsgruppe erhielten grundlegende Informationen zum PDA. Diese umfassten Informationen zu zentralen Merkmalen und Funktionen. Teilnehmer in der Analogie-Untersuchungsgruppe erhielten zusätzliche Beschreibungen des Geräts auf Basis von Analogien. Diese verglichen das Gerät mit einem persönlichen Sekretär, der Termine verwaltet oder einem Bibliothekar, der Informationen sammelt. Die Ergebnisse zeigten, dass die Teilnehmer in der Analogie-Untersuchungsgruppe positiver auf den PDA reagierten (Gregan-Paxton et al., 2002).

Eine weitere Studie lieferte ähnliche Ergebnisse. Ein Forscher stellte in den 1980er Jahren technischen Laien einen neuartigen Computer vor. Er untersuchte dabei ebenfalls eine Kontroll-Untersuchungsgruppe sowie eine Analogie-Untersuchungsgruppe ein (Mayer, 1980)

Die Teilnehmer in der Kontroll-Untersuchungsgruppe erhielten grundlegende Informationen zu den Funktionen des Computers. Die Teilnehmer in der Analogie-Untersuchungsgruppe erhielten zusätzliche Beschreibungen mit Analogien. Diese verglichen zum Beispiel den Speicher des Computers mit einem Aktenschrank oder die Sortierfunktion mit Ablagefächern. Die Ergebnisse zeigten, dass die Teilnehmer in der Analogie-Untersuchungsgruppe ein 50 % besseres Verständnis des Computers entwickelten als die Teilnehmer in der Kontroll-Untersuchungsgruppe (Mayer, 1980).

> **Checkliste zur Anwendung**
>
> - Die Laufschuhmarke On nutzte eine Analogie bei der Vermarktung seiner innovativen Laufschuhe, indem sie das Lauferlebnis mit dem Laufen auf Wolken verglich.
> - Dadurch machte sie den besonderen Nutzen auf besonders einfache und plakative Weise ersichtlich, wodurch Menschen mit hoher Offenheit auf das neue Produkt reagierten.
> - Wir können diesen Effekt bei der Vermarktung einer neuen Idee nutzen, indem wir ebenfalls ihren Nutzen anhand von einer geeigneten Analogie darstellen.

4.10 Visualisierung anregen

Im Jahr 2007 führte der junge Unternehmer Drew Housten seine innovative Cloud-Lösung Dropbox ein. Nutzer konnten damit von unterschiedlichen Geräten auf ihre Dateien zugreifen. Den Startschuss der Vermarktung stellte der Aufbau einer Warteliste für die Beta-Version der neuen Software dar. Drew kreierte ein kurzes Video, um diese Liste zu füllen. Er stellte es auf die Plattform HackerNews. Das Video zeigte die Desktop-Oberfläche von einem seiner Computer. Er rief die Webseite von Dropbox auf und loggte sich mit seinen Benutzerdaten ein. Er ging dann auf den Dropbox-Ordner auf dem Gerät. Wie durch Magie erschien eine Datei nach der anderen, die er auf seinem anderen Computer gespeichert hatte. Drew konnte mit dem Video große Begeisterung für seine innovative Lösung wecken und dadurch in kurzer Zeit eine Warteliste von mehreren Tausend Interessenten aufbauen.

Warum war dieser Ansatz so erfolgreich? Menschen sind visuelle Denker. Sie reagieren umso positiver auf eine neue Idee, je besser sie sich vor ihrem geistigen Auge vorstellen können, wie sie funktioniert und was sie bringt.

Wir können diesen Mechanismus bei der Vermarktung einer neuen Idee nutzen, indem wir sie möglichst visuell inszenieren und dadurch die Vorstellungskraft von Menschen anregen.

Wissenschaftlicher Hintergrund Forscher führten ein Experiment im Bereich der Verständlichkeit von Texten durch. Eine Gruppe von Teilnehmern hörte eine Textpassage. Eine zweite Gruppe von Teilnehmern hörte dieselbe Textpassage und erhielt zusätzlich eine ergänzende Visualisierung. Die Ergebnisse zeigten, dass die Verständlichkeit der Textpassage in der Gruppe mit der Visualisierung 2,5-mal so hoch ausfiel wie in der Gruppe ohne Visualisierung (Bransford & Johnson, 1972).

Wir sehen daran, dass Visualisierung die Verständlichkeit komplexer Sachverhalte deutlich steigern kann. Verschiedene Untersuchungen zeigten vor diesem Hintergrund, dass wir Visualisierung auch sehr gut einsetzen können, um Menschen für neue Ideen zu öffnen.

Forscher stellten in einer Studie einen besonders innovativen AudioPC vor. Eine Gruppe von Teilnehmern erhielt nur ein konkretes Nutzungsszenario für das neue Gerät. Eine zweite Gruppe von Teilnehmern erhielt acht konkrete Nutzungsszenarien (Zhao et al., 2012).

Die Ergebnisse zeigen, dass die Teilnehmer in der Gruppe mit den acht Nutzungsszenarien den AudioPC deutlich besser bewerteten als die Teilnehmer in der Gruppe mit nur einem Nutzungsszenario. Die Forscher fanden dabei auch heraus, dass dieser Effekt eintrat, weil die acht Nutzungsszenarien die Vorstellungskraft der Teilnehmer anregte (Zhao et al., 2012).

Forscher stellten in einer anderen Studie den gleichen AudioPC vor. Sie forderten Teilnehmer dazu auf, sich vorzustellen, wie Anwendungsszenarien für das Gerät aussehen könnten. Eine Gruppe sollte dabei auf vergangenen Erfahrungen mit PCs zurückgreifen. Eine zweite Gruppe sollte sich von vergangenen Erfahrungen mit PCs loslösen und möglichst offen und kreativ darüber nachdenken, welche Möglichkeiten das Gerät bot. Die Teilnehmer in der zweiten Gruppe bewerteten den AudioPC deutlich besser, da sie vollkommen neue Nutzungsszenarien entwickelten, die über herkömmliche PCs klar hinausgingen (Zhao et al., 2009).

Praktische Anwendung

- Der Gründer von Dropbox, Drew Houston kreierte ein kurzes Video, in dem er demonstrierte, wie seine innovative Cloud-Lösung funktionierte.
- Er regte dadurch die Vorstellungskraft seiner Zielgruppe an und konnte so in kurzer Zeit eine Warteliste von mehreren Tausend interessierten Nutzern aufbauen.
- Wir können diesen Effekt bei der Vermarktung einer neuen Idee nutzen, indem wir visuell veranschaulichen, wie die Idee funktioniert und welchen Nutzen sie bietet.
- Menschen können sich so mehr unter der Idee vorstellen und reagieren offener.

4.11 Direkte Erlebnisse gestalten

Das Unternehmen Vorwerk bietet eine Reihe von innovativen Haushaltsgeräten an. Darunter den besonders hygienefördernden Staubsauger Kobold sowie die flexibel einsetzbare Kochhilfe Thermomix. Die vielseitigen Funktionen der Geräte von Vorwerk sind jedoch nicht unbedingt selbsterklärend. Das Unternehmen hat vor diesem Hintergrund ein Netz aus eigenen Geschäften aufgebaut. Interessierte Kunden können sich darin aus erster Hand ein eigenes Bild von den Geräten machen. Auskunftsfähige Mitarbeiter demonstrieren die Geräte und erklären, wie sie funktionieren. Die Geschäfte spielen dadurch eine wichtige Rolle bei den innovativen und teilweise erklärungsbedürftigen Haushaltslösungen der Marke Vorwerk.

Wir können diesen Effekt bei der Vermarktung einer neuen Idee nutzen, indem wir Menschen die Möglichkeit geben, die Idee selbst auszuprobieren und am eigenen Leib zu erfahren. Sie bauen dadurch ein besseres Verständnis auf und können die Idee leichter nachvollziehen.

Wissenschaftlicher Hintergrund Forscher führten eine Studie durch, in der sie Teilnehmern einen neuen digitalen Music-Player vorstellten. Dabei untersuchten sie zwei Untersuchungsgruppen: eine mit indirektem Erlebnis und eine mit direktem Erlebnis (Hamilton & Thompson, 2007). Die Teilnehmer in der Untersuchungsgruppe mit indirektem Erlebnis erhielten eine kurze Präsentation zur Software. Sie umfasste eine Beschreibung sowie eine Abbildung der Benutzeroberfläche. Die Teilnehmer in der Untersuchungsgruppe mit dem direkten Erlebnis konnten die Software tatsächlich nutzen. Sie konnten Lieder zu einer Playlist hinzufügen, Playlisten speichern sowie verschiedenen Lieder abspielen (Hamilton & Thompson, 2007).

Die Ergebnisse zeigten, dass die Teilnehmer in der Untersuchungsgruppe mit direktem Erlebnis ein deutlich besseres Verständnis für den Music-Player und seine Funktionalitäten aufbauten. Dadurch bewerteten sie das Programm auch positiver (Hamilton & Thompson, 2007).

Eine weitere Gruppe von Forschern ging darüber hinaus der Frage auf den Grund, wie ein direktes Erlebnis mit einer neuen Lösung idealerweise aussehen sollte. Sie stellten Teilnehmern eine neue Software namens Audacity vor. Diese erlaubte die Aufnahme, Bearbeitung und Mischung von Audiodateien. Die Teilnehmer bekamen die Aufgabe, verschiedene Funktionen der Software zu nutzen. Eine Gruppe erhielt zusätzlich die Anweisung, die Funktionen der Software auf spielerische, explorative Weise zu erkunden. Eine zweite Gruppe erhielt keine zusätzlichen Anweisungen. Die Ergebnisse zeigten, dass die erste Gruppe die Software deutlich besser bewertete (Lakshmanan & Krishnan, 2011).

In einer weiterführenden Studie fand die gleiche Gruppe von Forschern heraus, dass strikte Benutzeranleitungen diesem Effekt entgegenwirken. Je mehr Instruktionen die Teilnehmer zur Nutzung der Software bekamen, desto weniger explorativ gingen sie vor. Dies führte zu einer deutlich schlechteren Bewertung der Software (Lakshmanan & Krishnan, 2011).

Checkliste zur Anwendung

* Vorwerk hat ein Netz aus eigenen Geschäften aufgebaut und bietet damit interessierten Kunden die Möglichkeit, die innovativen Haushaltsgeräte der Marke live zu erleben.
* Diese bauen dadurch ein deutlich besseres Verständnis für die vielfältigen Funktionen der verschiedenen Haushaltshelfer auf, was die Kaufbereitschaft deutlich steigert.
* Wir können diesen Effekt bei der Vermarktung einer neuen Idee nutzen, indem wir Menschen die Möglichkeit geben, die Idee direkt am eigenen Leib zu erfahren.

4.12 Als Underdog positionieren

Im Jahr 2012 brachte die amerikanische Fernsehsendung 60 s einen Beitrag zu Elon Musk und seine Raumfahrtaktivitäten mit dem Unternehmen Space X. Der Beitrag ging auch auf öffentliche Äußerungen der Raumfahrtlegenden Neil Armstrong und Eugene Cernan zu Space X ein. Sie übten teilweise heftige Kritik an Elon Musk und seinem Unternehmen. Der Moderator von 60 s sprach Elon Musk auf diese Kritik an. Elon Musk reagierte betroffen und wies darauf hin, dass diese Persönlichkeiten die Helden seiner Kindheit waren und ihre Gegenwehr ihn sehr berührte. Diese Situation mit den mächtigen Raumfahrthelden auf der einen und Elon Musk als Newcomer auf der anderen Seite, verhalfen dem jungen Unternehmer zu einer Wahrnehmung als Underdog, was ihm große Sympathie einbrachte. Er konnte dadurch über die Zeit immer mehr Menschen für sich und sein Vorhaben gewinnen.

Wir können diesen Effekt bei der Vermarktung einer neuen Idee nutzen, indem wir gezielt eine Positionierung als Underdog anstreben. Dies weckt Sympathien und öffnet Menschen.

Wissenschaftlicher Hintergrund Forscher führten eine Studie durch, in der Teilnehmer eine Getränkemarke beurteilten. Sie erhielten hierzu eine kurze Beschreibung der Marke. Dabei variierte einerseits der Grad zu dem die Marke eine nachteilige Marktposition hatte. Andererseits variierte der Grad, zu dem die Marke Leidenschaft und Entschlossenheit auszeichnete (Paharia et al., 2011).

Daraus folgten vier Markenprofile. Die Forscher bezeichneten sie als *„Top Dog"*, *„Victim"*, *„Privileged Achiever"* und *„Underdog"*. Eine *„Top Dog"* Marke zeichnete geringe Nachteile am Markt sowie geringe Leidenschaft und Entschlossenheit aus. Eine *„Victim"* Marke zeichnete hohe Nachteile am Markt sowie niedrige Leidenschaft und Entschlossenheit aus. Eine *„Privileged Achiever"* Marke zeichnete geringe Nachteile am Markt sowie geringe Leidenschaft und Entschlossenheit aus. Einen *„Underdog"* Marke zeichnete hohe Nachteile am Markt sowie hohe Leidenschaft und Entschlossenheit aus (Paharia et al., 2011).

Die Ergebnisse zeigen, dass die Underdog Marke besonders positive Reaktionen weckte. Dabei fanden die Forscher auch heraus, dass dieser Effekt eintrat, weil eine Underdog Positionierung Gefühle von Sympathie für eine Marke weckte (Paharia et al., 2011).

Eine andere Studie kam zu einem ähnlichen Ergebnis. Forscher stellten den Teilnehmern zwei Personal Trainer vor: Tom und John. Tom war der etwas Kompetentere und Erfahrenere, John der etwas Geradlinigere. Die Forscher positionierten John in einer Untersuchungsgruppe als Underdog. Sie zeigten hierzu auf, dass John für seine Karriere hart hatte kämpfen müssen. In einer zweiten Kontroll-Untersuchungsgruppe positionierten die Forscher John nicht als Underdog. Die Ergebnisse der Studie zeigten, dass deutlich mehr Teilnehmer John gegenüber Tom bevorzugten, wenn John die Positionierung eines Underdogs innehatte (Kirmani et al., 2017).

Checkliste zur Anwendung

- Die mächtigen Raumfahrtlegenden Neil Armstrong und Eugene Cernan übten heftige Kritik an den Aktivitäten des Unternehmens Space X im Bereich der Raumfahrt.
- Der Gründer Elon Musk nutzte diese Situation und positionierte sich als Underdog, was ihm hohe Sympathien einbrachte und die Unterstützung von Menschen bewirkte.
- Wir können diesen Effekt bei der Vermarktung einer neuen Idee nutzen, indem wir bei hoher Gegenwehr bewusst eine Positionierung als Underdog anstreben.

Literatur

Berger, J. A., Moe, W. W., & Schweidel, D. A. (2022). What holds attention? Linguistic drivers of engagement. *Journal of Marketing, 87*(5), 793–809.

Bornstein, R. F., & D'Agostino, P. R. (1994). The attribution and discounting of perceptual fluency: Preliminary tests of a perceptual fluency/attributional model of the mere exposure effect. *Social Cognition, 12*(2), 103–128.

Bransford, J. D., & Johnson, M. K. (1972). Contextual prerequisites for understanding: Some investigations of comprehension and recall. *Journal of verbal learning and verbal behavior, 11*(6), 717–726.

Cacioppo, J. T., & Petty, R. E. (1979). Effects of message repetition and position on cognitive response, recall, and persuasion. *Journal of personality and Social Psychology, 37*(1), 97.

Crolic, C., Zheng, Y., Hoegg, J., & Alba, J. W. (2019). The influence of product aesthetics on consumer inference making. *Journal of the Association for Consumer Research, 4*(4), 398–408.

Graf, L. K., & Landwehr, J. R. (2015). A dual-process perspective on fluency-based aesthetics: The pleasure-interest model of aesthetic liking. *Personality and social psychology review, 19*(4), 395–410.

Gregan-Paxton, J., Hibbard, J. D., Brunel, F. F., & Azar, P. (2002). „So that's what that is": Examining the impact of analogy on consumers' knowledge development for really new products. *Psychology & Marketing, 19*(6), 533–550.

Hamilton, R. W., & Thompson, D. V. (2007). Is there a substitute for direct experience? Comparing consumers' preferences after direct and indirect product experiences. *Journal of Consumer Research, 34*(4), 546–555.

Jacob, C., Guéguen, N., Martin, A., & Boulbry, G. (2011). Retail salespeople's mimicry of customers: Effects on consumer behavior. *Journal of Retailing and Consumer Services, 18*(5), 381–388.

Jhang, J. H., Grant, S. J., & Campbell, M. C. (2012). Get it? Got it. Good! Enhancing new product acceptance by facilitatingresolution of extreme incongruity. *Journal of Marketing Research, 49*(2), 247–259.

Kirmani, A., Hamilton, R. W., Thompson, D. V., & Lantzy, S. (2017). Doing well versus doing good: The differential effect of underdog positioning on moral and competent service providers. *Journal of Marketing, 81*(1), 103–117.

Landwehr, J. R., Wentzel, D., & Herrmann, A. (2013). Product design for the long run: Consumer responses to typical and atypical designs at different stages of exposure. *Journal of Marketing, 77*(5), 92–107.

Lakshmanan, A., & Krishnan, H. S. (2011). The aha! experience: Insight and discontinuous learning in product usage. *Journal of Marketing, 75*(6), 105–123.

Maddux, W. W., Mullen, E., & Galinsky, A. D. (2008). Chameleons bake bigger pies and take bigger pieces: Strategic behavioral mimicry facilitates negotiation outcomes. *Journal of experimental social psychology, 44*(2), 461–468.

Mayer, R. E. (1980). Elaboration techniques that increase the meaningfulness of technical text: An experimental test of the learning strategy hypothesis. *Journal of educational psychology, 72*(6), 770.

Meyers-Levy, J., & Tybout, A. M. (1998). Schema congruity as a basis for product evaluation. *Journal of Consumer Research, 16*(1), 39–54.

Murray, N., Sujan, H., Hirt, E. R., & Sujan, M. (1990). The influence of mood on categorization: A cognitive flexibility interpretation. *Journal of Personality and Social Psychology, 59*(3), 411.

Nisbett, R. E., & Wilson, T. D. (1977). The halo effect: Evidence for unconscious alteration of judgments. *Journal of personality and social psychology, 35*(4), 250.

Paharia, N., Keinan, A., Avery, J., & Schor, J. B. (2011). The underdog effect: The marketing of disadvantage and determination through brand biography. *Journal of Consumer Research, 37*(5), 775–790.

Reber, R., & Schwarz, N. (1999). Effects of perceptual fluency on judgments of truth. *Consciousness and cognition, 8*(3), 338–342.

Shu, S. B., & Carlson, K. A. (2014). When three charms but four alarms: Identifying the optimal number of claims in persuasion settings. *Journal of Marketing, 78*(1), 127–139.

Townsend, C., & Shu, S. B. (2010). When and how aesthetics influences financial decisions. *Journal of Consumer Psychology, 20*(4), 452–458.

Wang, C., Mehta, R., Zhu, R., & Argo, J. J. (2019). Dim or bright? The impact of ambient illuminance on consumer response to innovative solutions. *Journal of the Association for Consumer Research, 4*(3), 293–303.

Wang, L., Chan, E. Y., Chen, H., Lin, H., & Shi, X. (2022). When the „charm of three" fades: Mental imagery moderates the impact of the number of ad claims on persuasion. *Journal of Consumer Psychology, 32*(3), 484–491.

Zajonc, R. B. (1968). Attitudinal effects of mere exposure. *Journal of Personality and Social Psychology, 9*(2p2), 1–27.

Zhao, M., Hoeffler, S., & Dahl, D. W. (2009). The role of imagination-focused visualization on new product evaluation. *Journal of Marketing Research, 46*(1), 46–55.

Zhao, M., Hoeffler, S., & Dahl, D. W. (2012). Imagination difficulty and new product evaluation. *Journal of Product Innovation Management, 29,* 76–90.

5

Schritt 4: Wert von neuen Ideen vermitteln

Zusammenfassung Den vierten Schritt bei der Vermarktung einer neuen Idee stellt die Vermittlung des Mehrwerts dar. Menschen geben ihr nur dann eine Chance, wenn sie mit einer deutlichen Verbesserung im Vergleich zum Status quo einhergeht. Ansonsten bleiben Menschen bestehenden Alternativen treu. Eine zentrale Rolle spielen in diesem Zusammenhang Ansätze, die den Mehrwert einer neuen Idee auf überzeugende und prägnante Weise aufzeigen. Zehn Ansätze werden in diesem Kapitel vorgestellt.

Die folgenden Herangehensweisen können dabei helfen, den Mehrwert einer neuen Idee gegenüber bestehenden Alternativen auf prägnante und eindrückliche Weise zu vermitteln.

Herangehensweise	Beschreibung	Abschnitt
Differenzen hervorheben	Hervorhebung von Differenzen zur Abgrenzung einer neuen Idee von bestehenden Alternativen	Abschn. 5.1
Bezugsrahmen verwenden	Verwendung von Bezugsrahmen zur prägnanten Darstellung der konkreten Vorteile einer neuen Idee	Abschn. 5.2

© Der/die Autor(en), exklusiv lizenziert an Springer Fachmedien Wiesbaden GmbH, ein Teil von Springer Nature 2023
D. Vogt, *Menschen für neue Ideen gewinnen*,
https://doi.org/10.1007/978-3-658-42303-2_5

Herangehensweise	Beschreibung	Abschnitt
Kontraste heraus-arbeiten	Herausarbeitung von Kontrasten zur eindrücklichen Veranschaulichung des Mehrwerts einer neuen Idee	Abschn. 5.3
Einzelne Bausteine aufzeigen	Aufzeigung einzelner Bausteine einer neuen Idee, um zu vermeiden, dass wichtige Aspekte untergehen	Abschn. 5.4
Offensive Sprache nutzen	Nutzung einer offensiven Sprache zur Überhöhung des Mehrwerts einer neuen Idee	Abschn. 5.5
Bedeutung schaffen	Schaffung eines hohen Bedeutungs-gehalts zur Dramatisierung des Mehrwerts einer neuen Idee	Abschn. 5.6
Auf den Punkt kommen	Eliminierung irrelevanter Informationen zur Vermeidung der Verwässerung einer neuen Idee	Abschn. 5.7
Aufwand aufzeigen	Hervorhebung des Aufwands der Entwicklung einer neuen Idee zur Betonung ihres Mehrwerts	Abschn. 5.8
Preisanker setzen	Nutzung von Preisankern zur Steigerung der wahrgenommenen Attraktivität des Preis-/Leistungs-verhältnisses einer neuen Idee	Abschn. 5.9
Knappheit schaffen	Schaffung von Knappheit zur Steigerung der wahrgenommenen „Kostbarkeit" einer neuen Idee	Abschn. 5.10

5.1   Differenzen hervorheben

Die Gründer Stewart Butterfield und Carl Henderson führten im Jahr 2013 die Kommunikationslösung Slack als Alternative zu Emails ein. Sie erlaubte eine bessere Koordination zwischen Mitarbeitern und Teams in kleinen wie großen Organisationen.

Ein besonderes Merkmal der Lösung stellten so genannte Channels dar, die alle Informationen und Personen zu einem Thema an einem zentralen Ort zusammenbrachten.

Slack konnte in nur wenigen Jahren zahlreiche Kunden gewinnen und beeindruckende Wachstumsraten erzielen. Eine zentrale Rolle stellte der direkte Vergleich mit Emails dar. Slack arbeitete dabei die zentralen Unterschiede seiner neuen Lösung stets klar heraus.

Hier einige Beispiele:

- *„Alle Inhalte in Slack-Channels sind durchsuchbar, deshalb ist es nicht mehr nötig, massenweise E-Mails an Personen weiterzuleiten, die neu zum Projekt dazukommen. "*
- *„Slack bringt interne und externe Projekt-Teams über Standorte, Zeitzonen und Arbeitsweisen hinweg zusammen, anstatt die Arbeit auf die Kommunikation zwischen E-Mail-Silos zu beschränken. "*
- *„Die Zusammenarbeit in E-Mails öffnet den Gefahren von Spam und Phishing Tür und Tor. In Slack Connect kannst du dagegen sicher mit Partnerunternehmen, Anbietern oder Kundinnen und Kunden zusammenarbeiten. "*
- *„Verknüpfe mehr als 2400 Apps mit Slack – von deinem Kalender bis hin zu täglich verwendeten Tools. So vergisst du nie wieder einen Anhang. "*
- *„In Slack kannst du Routine-Meetings und Aufgaben wie Stand-ups, Genehmigungen und Anfragen in automatisierte Workflows umwandeln, damit es weniger Hin und Her gibt. "*

Wir können diesen Ansatz bei der Vermarktung einer neuen Idee nutzen, indem wir ebenfalls konkrete Unterschiede zu bereits bestehenden Alternativen im Markt deutlich herausarbeiten.

Wissenschaftlicher Hintergrund Teilnehmer eines Experiments erhielten Informationen zu einer neuartigen Alternative zu Emails mit dem Namen Infoexchange. Die neue Lösung beinhaltete verschiedene innovative Funktionen wie das Senden und Empfangen von handgeschriebenen Notizen sowie von Bildern, Videos und Sprachnachrichten. Dabei konnten Nutzer zu Bildern und Videos auch weiterführende Texte hinzufügen. Das Experiment beinhaltete drei Untersuchungsgruppen: eine Differenz-Untersuchungsgruppe, eine Ähnlichkeit-Untersuchungsgruppe und eine Kontroll-Untersuchungsgruppe. In der Differenz-Untersuchungsgruppe sollten die Teilnehmer ihr Augenmerk auf Unterschiede zwischen Infoexchange und Emails legen. In der Ähnlichkeit-Untersuchungsgruppe sollten die Teilnehmer ihr Augenmerk auf Gemeinsamkeiten zwischen beiden Alternativen legen. In der Kontroll-Untersuchungsgruppe erhielten die Teilnehmer keinerlei Anweisungen (Ziamou & Ratneshwar, 2003).

Die Ergebnisse der Studie zeigten, dass Infoexchange in den Kontroll- und Ähnlichkeit-Untersuchungsgruppen nahezu die gleichen Bewertungen erhielt. Die Ergebnisse zeigten darüber hinaus, dass Infoexchange in der Differenz-Untersuchungsgruppe deutlich bessere Bewertungen als in den beiden anderen Untersuchungsgruppen erhielt (Ziamou & Ratneshwar, 2003).

In einer weiterführenden Studie stellten die Forscher eine neue Alternative zu Kabelfernsehen mit dem Namen Anytime Entertainment vor. Die Lösung beinhaltete ebenfalls eine Reihe innovativer Funktionen. Diese glichen den typischen Funktionen heutiger Streamingdienste wie Netflix oder Disney+. Das Experiment beinhaltete zwei Untersuchungsgruppen. In einer Untersuchungsgruppe war Anytime für Abonnenten über den Fernseher verfügbar. In einer zweiten Untersuchungsgruppe war Anytime für Abonnenten über den PC verfügbar (Ziamou & Ratneshwar, 2003).

Die Studie zeigte, dass Anytime deutlich bessere Bewertungen erhielt, wenn Nutzer über den PC anstatt über den Fernseher auf den Dienst zugreifen konnten. Woran lag das? Die Forscher fanden heraus, dass die Funktionen von Anytime sehr ähnlich zu den typischen Funktionen von herkömmlichen Kabel-Fernsehern erschienen, jedoch sehr unähnlich zu den herkömmlichen Funktionen von PCs. Dies hatte zur Folge, dass Anytime einen deutlich höheren technologischen Sprung darstellte, wenn der Streaming-Dienst ein Teil von PCs anstatt von Fernsehern war (Ziamou & Ratneshwar, 2003).

Die Forscher wiesen auf diese Weise nach, dass neuartige Funktionen umso ansprechender wirken, je untypischer sie für ein Produkt oder eine Leistung erscheinen.

Checkliste zur Anwendung

- Die Marke Slack konnte in nur wenigen Jahren seine innovative Kommunikationslösung als besonders nützliche Alternative zu herkömmlichen Emails in Unternehmen etablieren.
- Eine entscheidende Rolle bei der Marktdurchdringung spielte die Betonung von konkreten Unterschieden der Nutzung von Slack im Vergleich zur Nutzung von Emails.
- Wir können diesen Effekt bei der Vermarktung einer neuen Idee nutzen, indem wir ebenfalls konkrete Differenzen zu bestehenden Alternativen klar herausarbeiten.

5.2 Bezugsrahmen verwenden

Apple stellte am 23. Oktober 2001 den MP3-Player iPod vor. Steve Jobs ging zu Beginn seiner Präsentation auf die große Speicherkapazität des neuen Geräts ein, die 1000 Liedern entsprach. Anschließend zeigte Jobs auf, dass der iPod eine Laufzeit von 10 h hatte, wobei die 80-prozentige Ladung des Geräts lediglich eine Stunde benötigte. Als nächstes ging Jobs auf die Abmessungen des Geräts ein. Er verglich dabei die Größe des iPods mit einem Stapel Karten. Er zeigte hierzu ein Kartenspiel der Marke Bicycle aus verschiedenen Perspektiven mit den dazugehörigen Längen- und Gewichtsangaben. Dieser Bezugsrahmen vermittelte die geringe Größe und das geringe Gewicht des iPods auf prägnante Weise. Jobs griff darüber hinaus einen weiteren Bezugsrahmen auf. Er wies darauf hin, dass mit dem iPod 1000 Lieder bequem in die Hosentasche passten. Diese Veranschaulichung stellte dann auch die Kernbotschaft bei der Vermarktung des iPod dar: *„Thousand songs in your pocket".*

Wir können diesen Effekt bei der Vermarktung einer neuen Idee nutzen, indem wir den Mehrwert der Idee anhand von geeigneten Bezugsrahmen auf plakative Weise darlegen.

Wissenschaftlicher Hintergrund Eine Gruppe von Forschern der Columbia University sowie von Microsoft Research führte eine Studie zur Wirkung von Zahlen durch. Sie zeigten Teilnehmern verschiedene

Schlagzeilen aus beliebten Zeitungen wie der New York Times (vgl. Abb. 5.1). Diese enthielten Statistiken wie zum Beispiel: *„120 Mio. Hektar Natur wurden geschützt"*. Die Forscher gaben einer Gruppe von Teilnehmern zusätzlich einen Bezugsrahmen zu den Zahlen wie zum Beispiel: *„120 Mio. Hektar sind 1,15-mal grösser als der Staat Kalifornien"*. Die Studie zeigte, dass die Zahlen mit dem Bezugsrahmen nicht nur deutlich einfacher verständlich waren, sondern auch deutlich besser hängen blieben (Barrio et al., 2016).

Eine zweite Gruppe von Forschern ging darauf aufbauend der Frage auf den Grund, wann ein Bezugsrahmen besonders wirkungsvoll ist. Sie gaben US-Bürgern eine Reihe von Statistiken zur Größe verschiedener Länder. Diese enthielten Vergleiche mit Bundesstaaten der USA. Zum Beispiel: *„Die Bevölkerung von Angola ist 3,9-mal so groß wie die Bevölkerung von Minnesota"*. Die Ergebnisse zeigten, dass die Statistiken deutlich besser greifbar waren, wenn die Größe eines Landes der Größe eines Bezugsrahmens entsprach. Zum Beispiel: *„Die Bevölkerung von Angola ist so groß wie die Bevölkerung von New York"*. Darüber hinaus zeigten die Ergebnisse, dass die Statistiken deutlich besser greifbar waren, wenn es sich bei einem Bezugsrahmen um den Heimatstaat eines

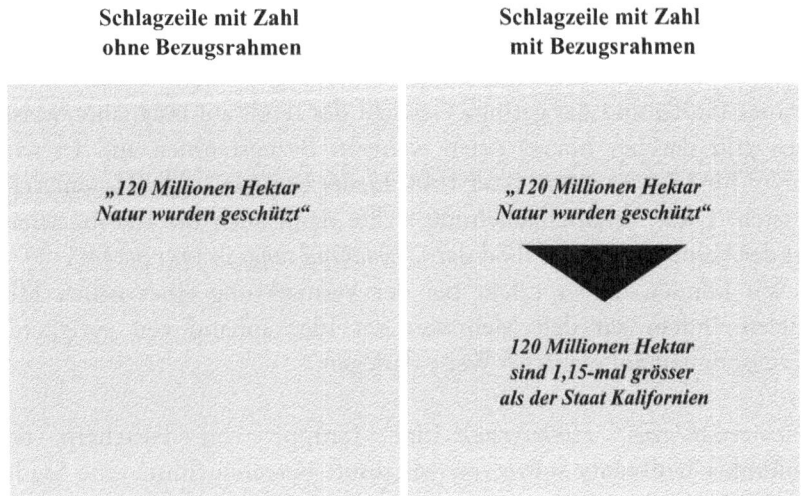

Abb. 5.1 Schlagzeile ohne und mit Bezugsrahmen

Teilnehmers handelte. Sie also mit dem Bezugsrahmen bereits persönliche Erfahrung hatten (Riederer et al., 2018).

Eine Studie von Hullmann et al. (2018) kam zu einem ähnlichen Ergebnis. Die Forscher drückten darin ein beliebiges Gewicht durch den Vergleich mit den Gewichten von alltäglichen Objekten aus. Zum Beispiel: *„28 Pfund entsprechen dem 2,4-fachen Gewicht einer Bowling-Kugel oder dem 1-fachen Gewicht einer Mikrowelle"*. Die Ergebnisse zeigten in Einklang mit den Ergebnissen von Riederer et al. (2018), dass ein Bezugsrahmen zu hoher Greifbarkeit eines Gewichts führte, wenn Teilnehmer mit dem Bezugsrahmen vertraut waren und wenn der Bezugsrahmen ein Gewicht möglichst eins zu eins widerspiegelte. Darüber hinaus führte die Studie eine Reihe weiterer Eigenschaften von Bezugsrahmen zutage, die Statistiken besonders gut greifbar machten. Diese umfassten die Faktoren Konkretheit, Messbarkeit, Einheitlichkeit und Zählbarkeit von Vergleichsobjekten.

Checkliste zur Anwendung

- Apple betonte die geringe Größe und das geringe Gewicht seines MP3-Players iPod durch den direkten Vergleich des Geräts mit den Abmessungen eines Stapels Spielkarten.
- Apple untermauerte darüber hinaus das kompakte Design des Geräts, indem die Marke darauf hinwies, dass mit dem iPod 1000 Lieder bequem in die Hosentasche passten.
- Menschen konnten dadurch den Mehrwert des innovativen Geräts deutlich besser greifen, was den außergewöhnlichen Markterfolg des iPods maßgeblich beeinflusste.
- Wir können diesen Effekt bei der Vermarktung einer neuen Idee nutzen, indem wir ihren Mehrwert ebenfalls anhand geeigneter Bezugsrahmen auf plakative Weise darstellen.

5.3 Kontraste herausarbeiten

Die Kunst-Plattform Masterworks eröffnet Menschen mit begrenztem Budget die Chance, in Werke von berühmten Künstlern zu investieren. So zum Beispiel in die Bilder von Banksy, Andy Warhol oder Claude Monet. Masterworks analysiert hierzu den Kunstmarkt und kauft begehrte Werke. Kleinanleger können an ihnen dann partielle Anteile kaufen. Masterworks treibt dadurch die Demokratisierung des Kunstmarkts voran und ermöglicht Menschen Investitionen in Werke, die bislang nur sehr wohlhabenden Sammlern vorenthalten waren.

Aufgrund der hohen globalen Nachfrage nach Kunst, bietet die Plattform so Zugang zu einer Anlageklasse mit besonders attraktiven Renditen. Masterworks stellt die finanziellen Vorteile dieser Anlageklasse anhand des direkten Vergleichs mit den Renditen in anderen Anlageklassen dar. So zeigt ein Balkendiagram auf der Landing Page von Masterworks, dass die Rendite von zeitgenössischer Kunst bei 13,5 % liegt, während sie beim S&P 500 nur 5,5 %, bei Gold nur 3,2 % sowie bei amerikanischen Unternehmensanleihen nur 0,5 % beträgt. Der Mehrwert der Plattform ist für interessierte Kleinanleger dadurch deutlich besser greifbar.

Wir können diesen Effekt bei der Vermarktung einer neuen Idee nutzen, indem wir ihren Mehrwert anhand des direkten Vergleichs mit bestehenden Alternativen aufzeigen.

Wissenschaftlicher Hintergrund Stellen wir uns vor, drei Eimer stehen vor uns. Einer mit kaltem, einer mit heißem sowie einer mit lauwarmem Wasser. Wir stecken eine Hand in das heiße Wasser und die andere Hand in das kalte Wasser. Anschließend stecken wir beide Hände in das lauwarme Wasser. Eine Hand wird sich warm anfühlen, während sich die andere kalt anfühlen wird. Wir sehen daran, dass Menschen Alternativen nicht absolut beurteilen, sondern immer im Vergleich. Je nach Vergleich beurteilen sie ein und dieselbe Alternative vollkommen unterschiedlich. Diesem Phänomen liegt das sogenannte Kontrast Prinzip zugrunde (Cialdini, 2007).

Kenrick et al. (1989) wiesen es in einem kontrollierten Experiment nach. Sie zeigten Teilnehmern einer Studie 16 Fotografien. Diese bildeten in einer Untersuchungsgruppe 16 attraktive Menschen ab. In einer zweiten Untersuchungsgruppe bildeten sie 16 Menschen mit durchschnittlicher Attraktivität ab. Die Teilnehmer bewerteten die Qualität jeder einzelnen Fotografie. In einer zweiten Phase erhielten die Teilnehmer die Fotografie einer weiteren Person. Sie bewerteten anschließend die Attraktivität dieser Person. Die Ergebnisse zeigten, dass die Person auf der Fotografie in der zweiten Phase des Experiments deutlich attraktiver erschien, wenn Teilnehmer zuvor Fotografien von durchschnittlich attraktiven Menschen gesehen hatten.

Checkliste zur Anwendung

- Die Kunstplattform Masterworks verkauft kleine Anteile berühmter Kunstwerke und erlaubt dadurch Kleinanlegern die Teilnahme am weltweit florierenden Kunstmarkt.
- Masterworks stellt dabei die hohe Rendite von Kunst als Anlageklasse durch den direkten Vergleich mit den Renditen anderer Anlageklassen wie dem S&P 500 oder Gold dar.
- Wir können diesen Effekt bei der Vermarktung einer neuen Idee nutzen, indem wir ihren Mehrwert anhand des direkten Vergleichs zu bereits bestehenden Alternativen darstellen.

5.4   Einzelne Bausteine aufzeigen

Am 29. Juni 2007 trat Steve Jobs im Rahmen der Technik-Konferenz Macworld auf die Bühne und sprach über große Errungenschaften von Apple in den vergangenen Jahrzehnten. Er ging als erstes auf den Macintosh ein, den Apple im Jahr 1984 eingeführt und damit den Markt für PCs revolutioniert hatte. Jobs griff als nächstes den iPod auf, mit dem Apple nur wenige Jahre zuvor die Musikindustrie transformiert hatte. Danach erschien das Logo von Apple auf einer übergroßen Leinwand. Eine von dem Logo verdeckte Lichtquelle leuchtete es von hinten an. Steve Jobs führte fort, dass Apple an diesem Tag drei neue revolutionäre Produkte mit ähnlicher Tragweite einführen würde. Er nannte als erstes einen neuen iPod mit einem übergroßen Display sowie Touch-Bedienung. Er nannte als zweites ein revolutionäres Mobiltelefon. Er nannte als drittes ein neues Gerät zum Surfen im Internet. Auf der Leinwand hinter Jobs erschienen Symbole zu den drei Geräten. Steve Jobs wiederholte sie noch mehrere Male, während die Symbole zu einem Würfel verschmolzen. Dann kam die Auflösung. Jobs wies darauf hin, dass es sich nicht um drei Geräte handelte, sondern um drei Geräte in einem.

Menschen entwickelten dadurch ein umfängliches Verständnis zu den einzelnen Funktionen des iPhones, was zu einem hohen wahrgenommenen Mehrwert des neuen Geräts führte.

Wir können diesen Effekt bei der Vermarktung einer neuen Idee nutzen, indem wir ihre individuellen Bausteine auf möglichst explizite und plakative Weise darstellen. Dadurch können wir sicherstellen, dass Menschen keine wichtigen Aspekte übersehen.

Wissenschaftlicher Hintergrund Forscher stellten in einer Studie eine neuartige digitale Kamera vor. Die Teilnehmer der Untersuchung hatten zu diesem Zeitpunkt noch keine Erfahrungen mit vergleichbaren Geräten. Die Forscher stellten den Mehrwert des neuen Geräts anhand des Vergleichs mit zwei bekannten Geräten dar: einer Fotokamera sowie einem Scanner. Der Vergleich mit einer klassischen Fotokamera zeigte auf, dass Menschen mit dem Gerät Fotografien aufnehmen konnten. Der Vergleich mit einem Scanner zeigte auf, dass das neue Gerät die digitale Speicherung und Verarbeitung von Fotografien auf dem PC ermöglichte (Moreau et al., 2001).

Die Forscher zogen in einer Untersuchungsgruppe zuerst den Vergleich mit der Fotokamera und anschließend den Vergleich mit dem Scanner. In einer zweiten Untersuchungsgruppe zogen die Forscher die Vergleiche in umgekehrter Reihenfolge. Die Ergebnisse zeigten, dass Teilnehmer das Gerät eher als Fotokamera einordneten, wenn sie zuerst den Vergleich mit der Fotokamera gesehen hatten. Sie zeigten auch, dass die Teilnehmer das Gerät eher als Scanner einordneten, wenn sie zuerst den Vergleich mit dem Scanner gesehen hatten (Moreau et al., 2001).

Die Studie wies dadurch nach, dass die erste verfügbare, bereits bekannte Produktkategorie die Wahrnehmung der innovativen Digitalkamera dominierte. Dies führte dazu, dass die Teilnehmer wichtige neue Funktionen des neuen Geräts übersahen (Moreau et al., 2001).

Die Forscher führten die gleiche Studie noch einmal durch. Dieses Mal wiesen sie jedoch explizit darauf hin, welche konkreten Kamera-Funktionen und welche konkreten Scanner-Funktionen die Digitalkamera vereinte. Dies führte dazu, dass die Teilnehmer ein vollumfänglicheres Verständnis des neuen Geräts entwickelten (Moreau et al., 2001).

Checkliste zur Anwendung

- Steve Jobs vermittelte bei der Vorstellung des iPhones auf besonders explizite Weise, welche konkreten Funktionen das neuartige Gerät in einer einzigen Lösung vereinte.
- Dadurch entwickelten Menschen ein vollumfänglicheres Verständnis zum iPhone, was zu einem hohen wahrgenommenen Mehrwert im Vergleich zu anderen Smartphones führte.
- Wir können diesen Effekt bei der Vermarktung einer neuen Idee nutzen, indem wir ihre einzelnen Bausteine individuell aufgreifen und auf möglichst plakative Weise darstellen.

5.5   Offensive Sprache verwenden

Die Gründer Michael Dubin und Mark Levine kreierten im Jahr 2011 ein innovatives Abo-Modell für Rasierklingen. Sie nannten es Dollar Shave Club. Kunden zahlten einen festen monatlichen Betrag und erhielten einen Nassrasierer sowie regelmäßig neue Klingen. Für die Vermarktung dieses innovativen Geschäftsmodells drehten Dubin und Levine ein YouTube-Video mit dem Namen „Our Blades Are F***ing Great". Dubin stellte darin die Idee von Dollar-Shave Club der breiten Öffentlichkeit vor. Dabei stach vor allem die extreme Sprache des Gründers hervor. Er griff dabei zum Beispiel auch auf Kraftausdrücke zurück. Die eigenen Klingen beschrieb er als „FUCKING GREAT". In Deutsch: „VERDAMMT GUT".

Die offensive Sprache mit extremer Ausdrucksweise untermauerte den Mehrwert der angebotenen Produkte von Dollar Shave Club. Das Video erhielt in kurzer Zeit Millionen von Klicks und stellte einen wichtigen Baustein für den großen Markterfolg der Firma dar.

Wir können diesen Effekt bei der Vermarktung einer neuen Idee nutzen, indem wir ebenfalls auf extreme Sprache mit Kraftausdrücken zurückgreifen. Dadurch können wir den wahrgenommenen Mehrwert der Idee auf substanzielle Weise beeinflussen.

Wissenschaftlicher Hintergrund Forscher führten ein Experiment zum Thema Überzeugung durch. Sie zeigten Studierenden eine von drei

Versionen eines Videos mit einer fünfminütigen Rede zum Thema Studiengebühren. Eines der Videos enthielt den Kraftausdruck „verdammt" zu Beginn der Rede. Das zweite Video enthielt den Kraftausdruck „verdammt" am Ende der Rede. Das dritte Video enthielt keinerlei Kraftausdrücke. Die Ergebnisse zeigten, dass der Kraftausdruck die Intensität sowie die Überzeugungskraft der Rede signifikant steigerte (Scherer & Sagarin, 2006).

Eine Studie von Lafreniere et al. (2022) lieferte ein ähnliches Ergebnis. Die Forscher zeigten Teilnehmern eine Webseite mit einem Geschirrspüler. Diese enthielt ein Bild des Geräts sowie eine Bewertung durch einen Kunden (vgl. Abb. 5.2). Die Bewertung bezeichnete das Gerät in einer Untersuchungsgruppe als „sehr leise". In einer zweiten Untersuchungsgruppe bezeichnete sie das Gerät als „verdammt leise". Die Ergebnisse zeigten, dass Teilnehmer den Geschirrspüler deutlich besser beurteilten, wenn die Kundenbewertung den Kraftausdruck „verdammt" enthielt.

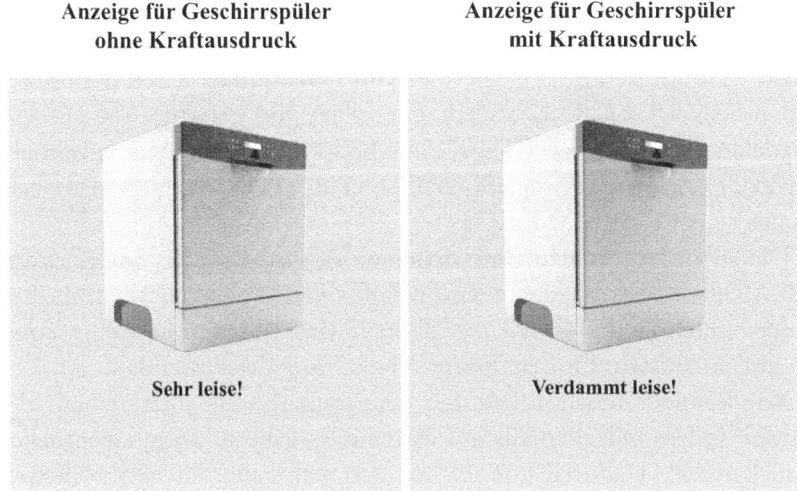

Abb. 5.2 Anzeige ohne und mit Kraftausdruck

Checkliste zur Anwendung

- Dollar Shave Club nutzte Kraftausdrücke im Rahmen der Vermarktung seines innovativen Abo-Modells für Rasierklingen und untermauerte dadurch seinen eigenen Mehrwert.
- Das Unternehmen konnte mit diesem Ansatz hohes Interesse im Markt wecken und in kurzer Zeit Tausende von Kunden zum Abschluss eines Rasier-Abonnements bewegen.
- Wir können diesen Effekt bei der Vermarktung einer neuen Idee nutzen, indem wir ihren Mehrwert ebenfalls mit Kraftausdrücken oder offensiver Ausdrucksweise unterstreichen.

5.6 Bedeutung schaffen

Im Jahr 2011 führte die Marke Nest einen innovativen Thermostat für die Regelung der Temperatur in Räumen ein. Das Gerät lernte über die Zeit die Präferenzen sowie das Verhalten von Bewohnern und stellte die Temperatur automatisch ein. Die innovative Lösung steigerte nicht nur den Wohnkomfort, sondern reduzierte gleichzeitig den Energieverbrauch. Nest wählte dabei einen besonderen Weg bei der Namensgebung seines Thermostats. Die Marke nutzte nicht die typische Nomenklatur für intelligente technische Produkte und nannte das Gerät „Smart Thermostat" oder „Intelligent Thermostat". Nest nannte sein neues Gerät stattdessen „Learning Thermostat". Diese Bezeichnung wich deutlich von den typischen Bezeichnungen ähnlicher technischer Geräte ab und brachte Nest hohe Differenzierung ein.

Eine ähnliche Strategie verfolgte Apple bei der Einführung seines innovativen Retina Displays. Die Marke verzichtete auf eine typische Nomenklatur wie „Ultra High Definition Display" oder „Super High Resolution Display". Stattdessen kreierte Apple den Namen „Retina Display". Dieser verhalf der neuen Lösung zu einer einzigartigen Stellung im Markt.

Wir können diesen Effekt bei der Vermarktung einer neuen Idee nutzen, indem wir gezielt eine Bezeichnung wählen, die von der typischen Nomenklatur abweicht.

Wissenschaftliche Hintergrund Forscher führten in den 1990er ein Experiment zum Thema Differenzierung durch. Sie gaben Teilnehmern acht Beschreibungen von Daunenjacken (vgl. Abb. 5.3). Diese variierten in ihren Obermaterialien, in ihren Nähten sowie in ihrer Wärmefunktion. Sieben Jacken hatten das Label „reguläre Daunenfüllung". Die achte Jacke hatte die Hälfte der Zeit das Label „Alpine Daunenfüllung" sowie die andere Hälfte der Zeit ebenfalls das Label „reguläre Daunenfüllung". Die Ergebnisse zeigten, dass diese Jacke eine Bewertung von 9,1 erhielt, wenn sie das Label „Alpine Daunenfüllung" beinhaltete. Sie erhielt lediglich eine Bewertung von 3,1, wenn sie das Label „reguläre Daunenfüllung" beinhaltete (Carpenter et al., 1994).

Die Forscher führten ein zweites Experiment mit ähnlichem Aufbau durch. Sie wiesen darauf hin, dass die Daunenfüllung einer der Jacken ausschließlich aus Gänsefedern bestand, während die Daunenfüllungen der anderen Jacken aus einem Gemisch aus Gänse- und Entenfedern bestand. Die Forscher wiesen dabei auch darauf hin, dass Gänse- und Entenfedern keinerlei Qualitätsunterschiede aufwiesen. Die Ergebnisse zeigten jedoch, dass die Teilnehmer die Jacke mit der reinen Daunenfüllung aus Gänsefedern dennoch deutlich besser bewerteten als die restlichen Jacken (Carpenter et al., 1994).

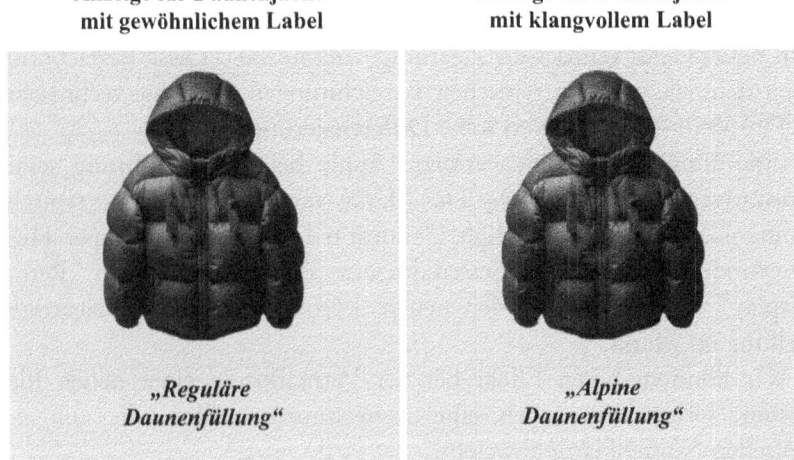

Abb. 5.3   Anzeige mit gewöhnlichem und klangvollem Label

Checkliste zur Anwendung

- Nest wählte den Namen „Learning Thermostat" für seinen Thermostaten und wich so von der typischen Nomenklatur wie „Intelligent Thermostat" oder „Smart Thermostat" ab.
- Apple wählte den Namen „Retina Display" für sein neues Display und wich so von der typischen Nomenklatur wie „Ultra High Definition" oder „Super High Resolution" ab.
- Wir können diesen Effekt bei der Vermarktung einer neuen Idee nutzen, indem wir ebenfalls auf eine Bezeichnung setzen, die von der typischen Nomenklatur abweicht.
- Wir können dadurch eine deutlich differenziertere Wahrnehmung erzielen.

5.7 Auf den Punkt kommen

Die New York Times veröffentlichte im Jahr 2014 den Artikel *„Simplifying the Bull: How Picasso Helps to Teach Apple's Style"*. Der Journalist Brian Chen ging darin auf das interne Training Program von Apple ein. Einen zentralen Baustein stellte der Kurs *„Communicating at Apple"* dar. Er richtete sich an Mitarbeiter aus verschiedenen Bereichen. Drei Ziele standen im Vordergrund: (1) die intuitive Gestaltung von Produkten, (2) der interne Austausch von Ideen sowie (3) das Marketing von neuen Lösungen. Der Trainer Randy Nelson zeigte in dem Kurs eine Reihe von Lithografien eines Bullen von Pablo Picasso. Der Künstler hatte sie über einen Zeitraum von mehreren Wochen gemalt. Die ersten Bilder waren noch sehr detailreich. Von Version zu Version verschwanden jedoch immer mehr Details. Bei den letzten Bildern der Reihe waren nur noch wenige Linien übrig, ein Bulle war aber immer noch klar zu erkennen. Der Kurs sollte zeigen, dass Botschaften bei Apple immer so lange Iterationen durchlaufen mussten, bis nur noch eine einfache und klare Aussage übrigblieb (Chen, 2014).

Diese Herangehensweise prägte auch das Marketing von Apple. Die Kommunikation zur Einführung neuer Angebote war in der Vergangenheit immer auf den Punkt, ohne viel Blabla.

Wir können diesen Ansatz bei der Vermarktung einer neuen Idee nutzen, indem wir ebenfalls auf reduzierte Botschaften setzen, anstatt Menschen mit vielen Informationen zu überhäufen.

Wissenschaftlicher Hintergrund Forscher führten ein Experiment durch, in dem sie die Wirkung von Informationen zu einer Person auf die erwarteten akademischen Leistungen untersuchten. Die Teilnehmer erhielten Informationen zu einem Studierenden namens Robert (Tetlock & Boettger, 1989).

Die Forscher untersuchten dabei einerseits die Wirkung von diagnostischen Informationen, die einen unmittelbaren Einfluss auf akademische Leistungen haben. So zum Beispiel Lernaktivitäten. Die Forscher untersuchten andererseits auch die Wirkung von nicht-diagnostischen Informationen, die keinen Einfluss auf akademische Leistungen haben. So zum Beispiel regelmäßige Freizeitaktivitäten wie Sport (Tetlock & Boettger, 1989).

Die Forscher gaben den Teilnehmern in einer Untersuchungsgruppe nur diagnostische Informationen. Hier lernte Robert jede Woche drei Stunden. In einer zweiten Untersuchungsgruppe gaben die Forscher den Teilnehmern sowohl diagnostische als auch nicht-diagnostische Informationen. Hier lernte Robert ebenfalls drei Stunden in der Woche und spielte darüber hinaus aber auch drei- bis viermal im Monat Raquetball oder Tennis (Tetlock & Boettger, 1989).

Die Teilnehmer beurteilten die erwarteten akademischen Leistungen von Robert in der ersten Untersuchungsgruppe deutlich besser als in der zweiten Untersuchungsgruppe, obwohl seine reine Lernzeit gleich hoch ausfiel. Dieser Effekt trat auf, weil die Zusatzinformationen in der zweiten Untersuchungsgruppe zu den Sportaktivitäten von Robert die Wirkung der Informationen zu seinen Lernaktivitäten unterminierten beziehungsweise verwässerten (Tetlock & Boettger, 1989).

Diese Ergebnisse zeigen, dass nicht-diagnostische Informationen die wahrgenommenen Leistungen einer Person, einer Marke oder eines Angebots schwächen können.

Checkliste zur Anwendung

* Botschaften durchliefen bei Apple in der Vergangenheit immer so lange Iterationen, bis am Ende nur noch eine einfache und klare Aussage mit hoher Wirkungskraft übrigblieb.
* Der Technologieriese kam dadurch im Marketing stets auf den Punkt, was innovativen Lösungen wie dem iMac, dem iPod oder dem iPhone zu globalem Erfolg verhalf.
* Wir können diesen Effekt bei der Vermarktung einer neuen Idee nutzen, indem wir ebenfalls auf einfache sowie stark reduzierte Botschaften und Darstellungen setzen.

5.8 Aufwand aufzeigen

Das Unternehmen Dyson thematisierte im Rahmen der Vermarktung seiner innovativen Haushaltsgeräte regelmäßig den hohen Aufwand, den es in deren Entwicklung steckte. Ein prominentes Beispiel ist der Staubsauger DC01. Der Gründer James Dyson arbeitete an dem Gerät über 5 Jahre. Dabei designte er 5127 Prototypen. Dieser große Aufwand prägte in hohem Masse den wahrgenommenen Wert des Staubsaugers und förderte so seinen Absatz.

Wir können diesen Effekt bei der Vermarktung einer neuen Idee nutzen, indem wir den Aufwand betonen, den wir in ihre Entwicklung gesteckt haben. Dadurch erscheint die Idee besonders wertvoll, wodurch sie eine deutlich höhere Anziehungskraft ausstrahlt.

Wissenschaftlicher Hintergrund Forscher führten ein Experiment im Bereich der Wahrnehmung von Kunstwerken durch. Sie zeigten Teilnehmern verschieden Gemäldepaare. Dabei wiesen die Forscher darauf hin, dass der Künstler an einem der Gemälde vier Stunden gearbeitet hatte, während er an dem anderen Gemälde insgesamt 26 h gearbeitet hatte (Kruger et al., 2004).

Die Ergebnisse zeigten, dass der Aufwand einen starken Einfluss auf den wahrgenommenen Wert des Gemäldes hatte. Die Teilnehmer stuften das Gemälde mit 26 h Arbeit um 50 % wertvoller ein als das Gemälde mit 4 h Arbeit (Kruger et al., 2004).

Eine andere Studie kam zu einem ähnlichen Ergebnis. Eine Forscherin stellte Teilnehmern einen Immobilien-Makler vor. Dieser erstellte eine Liste mit 10 geeigneten Apartments. Der Makler erstellte die Liste in einer Untersuchungsgruppe in 9 h. In einer zweiten Untersuchungsgruppe erstellte er die Liste in nur einer Stunde mithilfe eines Computerprogramms. Die Ergebnisse zeigten, dass die Teilnehmer den Makler deutlich positiver bewerteten, wenn er mehr Aufwand in die Identifikation von geeigneten Apartments gesteckt hatte (Morales, 2005).

In einer weiterführenden Studie zeigte Morales (2005), dass dieser Effekt auch eintrat, wenn ein Unternehmen hohen Aufwand in die Inszenierung von Angeboten steckte. Hierzu baute die Forscherin ein Geschäft nach. Die Darstellung der Produkte in dem Geschäft zeichnete in einer Untersuchungsgruppe hohe Ordnung aus, während sie in einer zweiten Untersuchungsgruppe niedrige Ordnung auszeichnete. Die Ergebnisse zeigen, dass die Teilnehmer davon ausgingen, dass die Darstellung der Produkte mit hoher Ordnung mehr Aufwand erforderte als die Darstellung der Produkte mit niedriger Ordnung. Dies steigerte den wahrgenommenen Wert der Produkte.

Die Wissenschaft bezeichnet dieses Phänomen als Effort Heuristik.

Checkliste zur Anwendung

- Die Firma Dyson betonte im Rahmen der Vermarktung seiner innovativen Geräte für den Haushalt immer wieder den hohen Aufwand, den sie in deren Entwicklung gesteckt hatte.
- Der Staubsauger DC01 war zum Beispiel das Ergebnis von 5 Jahren Arbeit sowie 5127 Prototypen, wodurch das Gerät bei seiner Einführung besonders begehrlich erschien.
- Wir können diesen Effekt bei der Vermarktung einer neuen Idee nutzen, indem wir ebenfalls aufzeigen, welchen hohen Aufwand wir in ihre Entwicklung gesteckt haben.

5.9   Preisanker setzen

Apple führte im Jahr 2008 das iPhone 3G ein. Am 9. Juni trat Steve Jobs im Rahmen der World Wide Developers Conference im Moscone Center von San Francisco auf die Bühne. Er ging zu Beginn auf den großen Erfolg des Vorgängers, dem iPhone der ersten Generation ein. Jobs stellte im weiteren Verlauf verschiedene Funktionen und Verbesserungen des iPhone 3G vor. Als nächstes folgte die Vorstellung des Preises des neuen Geräts. Auf der Leinwand erschien eine Abbildung des iPhones sowie der Preis des Vorgängermodells von 399 US Dollar. Jobs spannte die Zuschauer als nächstes noch etwas auf die Folter, bevor er den Preis des neuen Geräts von 199 US Dollar offenbarte. Die Menschen im Saal reagierten mit Begeisterung.

Ob wissentlich oder unwissentlich, diese preisliche Dramaturgie stellte einen Geniestreich bei der Vermarktung dar. Apple setzte mit der Einführung des ersten iPhones zu einem Preis von 399 US Dollar einen sogenannten Preisanker. Dieser diente Menschen als Referenzpunkt für die Bewertung des Preises des iPhone 3G. Da das neue Gerät *„nur"* noch 199 US Dollar kostete erschein sein Preis im Kontext des Preises des Vorgängers mit 399 US Dollar überaus attraktiv.

Wir können diesen Ansatz im Rahmen der Vermarktung einer neuen Idee nutzen, indem wir ebenfalls einen Preisanker setzen, um so die Preisbereitschaft zu steigern. Wir können hierzu einerseits eine erste Version zu einem hohen Preis verkaufen und den Preis dann bei der Einführung folgender Versionen senken. Wir können andererseits direkt bei der Einführung mehrere Versionen mit unterschiedlichen Preisniveaus anbieten. Dabei kann eine besonders kostspielige Version helfen, die allgemeine Preisbereitschaft zu steigern.

Wissenschaftlicher Hintergrund Der Psychologe Dan Ariely stieß eines Tages auf eine Anzeige des Economist. Die Wirtschaftszeitschrift bewarb darin verschiedene Jahresabonnements. Eines kostete 59 US Dollar im Jahr. Es beinhaltete nur die Onlineversion der Zeitschrift. Ein zweites Abonnement beinhalte die Kombination aus Print- und Onlineversion für 125 US Dollar im Jahr. Zusätzlich beinhaltete die Anzeige noch eine weitere Option. Diese machte aus Sicht von Ariely jedoch keinen Sinn. Sie kostete ebenfalls 125 US Dollar, beinhaltete jedoch nur die Printversion der Zeitschrift. Der Forscher fragte sich, welchen Zweck diese Option erfüllte (Ariely, 2008).

Er entschied sich für ein kleines Experiment. Darin zeigte er einer Gruppe von Teilnehmern alle drei Versionen. Die reine Onlineversion für 59 US Dollar, die kombinierte Print- und Digitalversion für 125 US Dollar und die „überteuerte" Printversion für 125 US Dollar. Die Ergebnisse zeigten, dass 84 % die kombinierte Digital- und Printversion wählten und nur 16 % die reine Onlineversion. Niemand wählte die „überteuerte" Printversion (Ariely, 2008).

Ariely kreierte darauf eine zweite Version des Experiments. Diese enthielt nur das reine Onlineabonnement sowie das kombinierte Print- und Onlineabonnement. Das „überteuerte" reine Printabonnement fiel also weg. Die Ergebnisse zeigten, dass nun nur noch 68 % der Teilnehmer das kombinierte Print- und Onlineabonnement für 125 US Dollar wählten. Dies führte zu einem deutlichen Anstieg der Wahl des reinen Digitalabonnements für 59 US Dollar. Die günstige Option wählten nun auf einmal 32 % der Teilnehmer (Ariely, 2008).

Diese Studie zeigte, dass der Zweck des „überteuerten" reinen Printabonnements nicht der Verkauf dieser Option war, sondern lediglich der Steigerung der Preisbereitschaft diente. Das kombinierte Print- und Onlineabonnement erschien als ein deutlich besserer Deal, wenn Teilnehmer es im Vergleich zum „überteuerten" Printabonnement sahen. Wenn diese Option wegfiel, erschien das Print- und Onlineabonnement deutlich teurer in den Augen von Teilnehmern. Diesen Effekt bezeichnen wir als Ankern (Ariely, 2008).

Ariely wies ihn auch in einem anderen Kontext nach. Gemeinsam mit Kollegen führte er eine Studie an der Sloan School of Management durch. Die Teilnehmer suchten in einem ersten Schritt die zwei letzten Ziffern ihrer Sozialversicherungsnummer heraus. Sie sahen anschließend verschiedene Produkte wie zum Beispiel eine Flasche Wein oder ein Buch. Die Teilnehmer gaben für jedes dieser Produkte ein Gebot ab. Die Ergebnisse zeigten einen klaren Ankereffekt. Je höher die beiden letzten Ziffern der Sozialversicherungsnummer eines Teilnehmers ausfielen, desto höher war seine Preisbereitschaft (Ariely et al., 2003).

Checkliste zur Anwendung

- Apple verkaufte das erste iPhone zu einem Preis von 399 US Dollar und führte nur ein Jahr später das Nachfolgermodell zu einem deutlich niedrigeren Preis von 199 US Dollar ein.
- Der Preis des neuen Modells wirkte dadurch besonders attraktiv, weil sein Preis um 100 US Dollar und damit 25 % niedriger lag als beim technisch weniger ausgereiften Vorgänger.
- Wir können diese Strategie bei der Vermarktung einer neuen Idee nutzen, indem wir ebenfalls einen Preisanker setzen, wodurch die Idee kostengünstiger erscheint.
- Wir können hierzu verschiedene Versionen der Idee kreieren, von denen eine Version einen besonders hohen Preis haben sollte, der dann als Anker dient.

5.10 Knappheit schaffen

LinkedIn ist heute eines der weltweit führenden Karrierenetzwerke. Es hatte von Anfang an einen hohen Zulauf. Eine wichtige Rolle spielte dabei eine clevere Taktik im Rahmen der Einführung von LinkedIn – die sogenannte Invite Only Strategie. Interessenten konnten sich zu Beginn nur bei der Plattform anmelden, wenn sie zuvor eine Einladung bekommen hatten. Mitarbeiter und Investoren von LinkedIn hatten die ersten Einladungen am Anfang an ihre Freunde und Bekannten verschickt. Diese meldeten sich auf der Plattform an und konnten dann Einladungen an weitere Personen aus ihrem eigenen Kreis verschicken. Dies kreierte eine künstliche Verknappung, die zu einem hohen Ansturm auf LinkedIn führte (Chen, 2021).

Ein ähnlicher Effekt trat bei der Einführung der E-Mail-Lösung Gmail auf. Das Programm lief auf einer Reihe veralteter Computer. Google musste dadurch die Anzahl der Nutzer zu Beginn begrenzen. Nur so konnte die Stabilität der neuen Lösung gewährleistet werden. Entsprechend erhielt nur eine begrenzte Anzahl von Nutzern Einladungen. Dies kreierte laut Google-Mitarbeiter George Harik einen großen Hype um Gmail, der deutlich geringer ausgefallen wäre, wenn der Zugang anfangs nicht begrenzt gewesen wäre (Chen, 2021).

Wir können diesen Ansatz bei der Vermarktung einer neuen Idee nutzen, indem wir sie nicht den Menschen hinterherwerfen, sondern ihren Zugang begrenzen und so Knappheit schaffen.

Wissenschaftlicher Hintergrund In den 1980er Jahren führte ein Großhändler für Fleisch ein Experiment zur Steigerung der Verkaufszahlen durch. In einer Untersuchungsgruppe nutzten die Vertriebsmitarbeiter eine Standard-Verkaufspräsentation. In einer zweiten Untersuchungsgruppe wiesen Vertriebsmitarbeiter zusätzlich darauf hin, dass eine Verknappung von Fleisch bevorstehen würden (Knishinsky, 1982).

Die Ergebnisse zeigten, dass die Verkaufspräsentation mit dem Hinweis auf eine Verknappung von Fleisch zu einer Verdoppelung des Umsatzes führte (Knishinsky, 1982).

Im Rahmen des Experiments untersuchte der Fleischhändler noch einen weiteren Ansatz bei der Kundengewinnung. Vertriebsmitarbeiter nutzten die Standard-Verkaufspräsentation sowie den Hinweis auf die bevorstehende Verknappung von Fleisch. Die Vertriebsmitarbeiter betonten darüber hinaus, dass nur sie von dieser Information wussten (Knishinsky, 1982).

Die Ergebnisse zeigten, dass diese Herangehensweise zu einer Versechsfachung des Umsatzes im Vergleich zu Standard-Verkaufspräsentation führte (Knishinsky, 1982).

Checkliste zur Anwendung

- LinkedIn begrenzte im Rahmen der Einführung seines Karrierenetzwerks den Zugang zur Plattform, indem sich Menschen nur mit einer Einladung anmelden konnten.
- Google begrenzte in gleicher Weise den Zugang zu seiner neuen E-Mail-Lösung Gmail und erlaubte zu Beginn nur einer geringen Anzahl von Nutzern sich anzumelden.
- Beide Unternehmen konnten infolge der Verknappung ihrer neuen Angebote hohes Interesse im Markt wecken und jeweils einen großen Ansturm im Markt auslösen.
- Wir können diesen Ansatz im Rahmen der Vermarktung einer neuen Idee nutzen, indem wir sie ebenfalls zu Beginn nur in begrenztem Masse zur Verfügung stellen.

Literatur

Ariely, D. (2008). *Predictably irrational.* HarperCollins.

Ariely, D., Loewenstein, G., & Prelec, D. (2003). „Coherent arbitrariness": Stable demand curves without stable preferences. *The Quarterly Journal of Economics, 118*(1), 73–106.

Barrio, P. J., Goldstein, D. G., & Hofman, J. M. (2016, May). Improving comprehension of numbers in the news. In *Proceedings of the 2016 Chi Conference on Human Factors in Computing Systems* (S. 2729–2739).

Carpenter, G. S., Glazer, R., & Nakamoto, K. (1994). Meaningful brands from meaningless differentiation: The dependence on irrelevant attributes. *Journal of Marketing Research, 31*(3), 339–350.

Chen, A. (2021). *The cold start problem: Using network effects to scale your product.* Random House.

Chen, B. X. (2014). *Simplifying the bull: How Picasso helps to teach apple's style inside apple's internal training program.* The New York Times, August, 10, 2014.

Cialdini, R. B., & Cialdini, R. B. (2007). *Influence: The psychology of persuasion* (Bd. 55, S. 339). Collins.

Hullman, J., Kim, Y. S., Nguyen, F., Speers, L., & Agrawala, M. (2018, April). Improving comprehension of measurements using concrete re-expression strategies. In *Proceedings of the 2018 CHI Conference on Human Factors in Computing Systems* (S. 1–12).

Kenrick, D. T., Gutierres, S. E., & Goldberg, L. L. (1989). Influence of popular erotica on judgments of strangers and mates. *Journal of Experimental Social Psychology, 25*(2), 159–167.

Knishinsky, A. (1982). *The effects of scarcity of material and exclusivity of information on industrial buyer perceived risk in provoking a purchase decision.* Arizona State University.

Kruger, J., Wirtz, D., Van Boven, L., & Altermatt, T. W. (2004). The effort heuristic. *Journal of Experimental Social Psychology, 40*(1), 91–98.

Lafreniere, K. C., Moore, S. G., & Fisher, R. J. (2022). The power of profanity: The meaning and impact of swear words in word of mouth. *Journal of Marketing Research, 59*(5), 908–925.

Morales, A. C. (2005). Giving firms an „E" for effort: Consumer responses to high-effort firms. *Journal of Consumer Research, 31*(4), 806–812.

Moreau, C. P., Markman, A. B., & Lehmann, D. R. (2001). „What is it? " Categorization flexibility and consumers' responses to really new products. *Journal of Consumer Research, 27*(4), 489–498.

Riederer, C., Hofman, J. M., & Goldstein, D. G. (2018, April). To put that in perspective: Generating analogies that make numbers easier to understand. In *Proceedings of the 2018 CHI Conference on Human Factors in Computing Systems* (S. 1–10).

Scherer, C. R., & Sagarin, B. J. (2006). Indecent influence: The positive effects of obscenity on persuasion. *Social Influence, 1*(2), 138–146.

Tetlock, P. E., & Boettger, R. (1989). Accountability: A social magnifier of the dilution effect. *Journal of Personality and Social Psychology, 57*(3), 388.

Ziamou, P., & Ratneshwar, S. (2003). Innovations in product functionality: When and why are explicit comparisons effective? *Journal of Marketing, 67*(2), 49–61.

6

Schritt 5: Akzeptanz und Annahme von neuen Ideen herbeiführen

Zusammenfassung Den fünften Schritt bei der Vermarktung einer neuen Idee stellt die Herbeiführung der Adoption dar. Eine zentrale Rolle spielen dabei Ansätze, die Menschen dazu bewegen, auf eine neue Idee aktiv zuzugehen und sie zu nutzen beziehungsweise zu unterstützen.

Die folgenden Herangehensweisen können dabei helfen, die tatsächliche Akzeptanz einer neuen Idee herbeizuführen und ihre allgemeine Verbreitung bei Zielgruppen voranzutreiben.

Herangehensweise	Beschreibung	Abschnitt
Menschlichkeit ausstrahlen	Ausstrahlung von Menschlichkeit zum Abbau von emotionalen Hürden gegenüber einer neuen Idee	Abschn. 6.1
Hoffnung ausdrücken	Ausdruck von Hoffnung zur Reduktion von Ängsten und Bedenken gegenüber einer neuen Idee	Abschn. 6.2
Netto-Mehrwert maximieren	Maximierung des Netto-Mehrwerts zur Überwindung von Trägheit gegenüber einer neuen Idee	Abschn. 6.3

© Der/die Autor(en), exklusiv lizenziert an Springer Fachmedien Wiesbaden GmbH, ein Teil von Springer Nature 2023
D. Vogt, *Menschen für neue Ideen gewinnen*,
https://doi.org/10.1007/978-3-658-42303-2_6

Herangehensweise	Beschreibung	Abschnitt
Unmittelbare Anreize schaffen	Schaffung von unmittelbaren Anreizen zur Steigerung der Anziehungskraft einer neuen Idee	Abschn. 6.4
Identifikation stiften	Identifikation stiften um Zielgruppen zu motivieren eine neue Idee aktiv zu unterstützen	Abschn. 6.5
Soziale Bewährtheit aufzeigen	Soziale Bewährtheit aufzeigen zur Schaffung von Vertrauen in eine neue Idee	Abschn. 6.6
Skeptische Testimonials nutzen	Nutzung skeptischer Testimonials, um aufzuzeigen, dass eine neue Idee selbst Kritiker überzeugen kann	Abschn. 6.7
Gedanken lenken	Ausrichtung des gedanklichen Fokus auf positive Nutzungsszenarien rund um eine neue Idee	Abschn. 6.8
Auswahl vereinfachen	Vereinfachung der Entscheidung rund um eine neue Idee, um zögerlichem Verhalten entgegenzuwirken	Abschn. 6.9
Den Fuß in die Tür bekommen	Zuerst eine kleine Entscheidung fordern, um die Adoption eine neue Idee zu initiieren	Abschn. 6.10
Dringlichkeit wecken	Gefühle von Dringlichkeit mit einer neuen Idee wecken, um Zugzwang auszulösen	Abschn. 6.11

6.1 Menschlichkeit ausstrahlen

Das Magazin Fast Company veröffentlichte 2017 einen Artikel zum Marketing beim innovativen Robo Advisor Wealthfront. Der Titel lautete: *„How Wealthfront is Trying To Make Its Robo-Advisor Feel More Human"*. Der Beitrag ging auf den neuen Markenauftritt von Wealthfront ein. Die Firma hatte in den Jahren zuvor vor allem gutverdienende und technologieaffine Angestellte aus dem Silicon Valley für seine neuartige Investment-Software zur automatisierten Geldanlage gewonnen. Den nächsten Schritt sollte die Erschließung neuer Kundengruppen ohne technologischen Background darstellen. Wealthfront hatte vor diesem Hintergrund den Marketing-Experten Josh Grau angeheuert. Er sollte die innovative Lösung zur Geldanlage der breiten Masse schmackhaft machen. Eine zentrale Rolle spielte dabei die Reduktion der technischen Anmutung der Marke und gleichzeitig die Steigerung ihrer menschlichen Ausstrahlung. Josh Grau gelang dies durch die Gestaltung eines lebendigen Markenauftritts mit einer organischen Farbpalette sowie Illustrationen, die typische Episoden der Lebensgeschichten von Menschen aufgriffen. Später kamen weitere Elemente zu diesem sehr menschlich wirkenden Markenauftritt hinzu, wie zum Beispiel die Schrift Alpina Light, die stilistisch an eine Handschrift angelehnt war (Harris, 2017).

Wealthfront erzielte auf diese Weise eine höhere wahrgenommene Menschlichkeit der eigenen Marke, was unterschwellige Gefühle von Nähe und Vertrauen weckte. Zielgruppen reagierten dadurch deutlich bereitwilliger auf die innovative Investment-Lösung.

Wir können diesen Effekt bei der Vermarktung einer neuen Idee nutzen, indem wir bei ihrer Inszenierung und Darstellung auf eine menschliche Note achten. Ansätze können die Nutzung von organischen Farbpalletten, Handschriften oder Visualisierungen von Menschen sein.

Wissenschaftlicher Hintergrund Forscher führten eine Studie an einer Universität durch. Sie gingen auf Studierende zu und gaben ihnen Knäckebrot einer lokalen Bäckerei zum Testen. Dabei variierten sie die Aufschrift auf der Verpackung (vgl. Abb. 6.1 In einer Version stand der Name der Bäckerei in Maschinenschrift auf der Verpackung. In einer zweiten Version stand der Name der Bäckerei hingegen in Handschrift auf der Verpackung. Die Studierenden probierten das Brot und hatten anschließend die Möglichkeit eine Packung zu kaufen (Schroll et al., 2018).

Die Ergebnisse zeigten, dass die Kaufbereitschaft bei der Verpackung mit der Handschrift sechsmal höher ausfiel als die Kaufbereitschaft bei der Verpackung mit der Maschinenschrift. Die Forscher fanden auch heraus, dass dieser Effekt darin begründet war, dass die Handschrift ein unterschwelliges Signal von Menschlichkeit ausstrahlte und dadurch positive Emotionen bei den Studierenden weckte (Schroll et al., 2018).

| Aufschrift mit Maschinenschrift | Aufschrift mit Handschrift |

Abb. 6.1 Aufschrift mit Maschinenschrift und mit Handschrift

Checkliste zur Anwendung

• Der Robo Advisor Wealthfront kreierte einen menschlich anmutenden Marken-Auftritt und öffnete Menschen dadurch für seine innovative Investment-Lösung.
• Wir können diesen Ansatz bei der Vermarktung einer neuen Idee nutzen, indem wir ebenfalls auf eine menschliche Note bei ihrer Darstellung und Inszenierung achten.
• Wir können hierzu beispielsweise verschiedene stilistische Mittel nutzen, wie zum Beispiel organische Farbpaletten, Handschriften oder Visualisierungen von Menschen.

6.2 Hoffnung ausdrücken

Barack Obama verkündete am 10. Februar 2007 seine Kandidatur für die Wahl zum Präsidenten der Vereinigten Staaten von Amerika. Er wollte mit einer neuen Perspektive die Republikaner nach acht Jahren der Regentschaft ablösen. Als Leitidee seiner Kampagne verwendete er das Gefühl der Hoffnung. Ein besonders eindrückliches Element der Kampagne war ein Plakat mit einer Schablonen-artigen Abbildung von Obama in den Farben Rot, Weiss und Blau sowie dem Schriftzug *„Hope"*. Die Kampagne konnte 53 % der amerikanischen Wähler überzeugen und so wurde Obama der 44. Präsident der USA.

Das Gefühl von Hoffnung spielte in diesem Zusammenhang eine zentrale Rolle. Die neuen Perspektiven von Obama und die anvisierten Veränderungen stießen zwar auf positive Resonanz, jedoch lösten sie auch Bedenken in der Bevölkerung aus. Das Gefühl der Hoffnung nivellierte diesen Effekt und öffnete Menschen für Obama's neue Sichtweisen.

Wir können diesen Ansatz im Rahmen der Vermarktung einer neuen Idee nutzen, indem wir ebenfalls starke Gefühle von Hoffnung wecken. Wir können dadurch möglichen Bedenken sowie Ängsten entgegenwirken und die Bereitwilligkeit gegenüber der Idee steigern.

Wissenschaftlicher Hintergrund Forscher stellten den Teilnehmern einer Studie eine neuartige Hautcreme vor. Diese verfeinerte zwar das Hautbild, rief jedoch bei falscher Anwendung erhebliche Irritationen hervor. Die Forscher gaben den Teilnehmern verschiedene Kundenbewertungen zu dem Produkt. Diese stellten die Vorteile der Hautcreme entweder auf besonders hoffungsvolle oder auf neutrale Weise dar. Darüber hinaus weckten sie entweder hohe oder niedrige Angst bezüglich möglicher Irritationen infolge falscher Anwendung (Lin et al., 2020).

Die Ergebnisse zeigten, dass Hoffnung sowohl die Beurteilung als auch die Kaufbereitschaft deutlich steigerte. Dabei fand die Studie auch heraus, dass Kundenbewertungen mit hoher Hoffnung und hoher Angst insgesamt die positivsten Reaktionen weckten (Lin et al., 2020).

Dieser Effekt trat auf, weil Teilnehmer unter Hoffnung und Angst besonders intensiv über eine neue Idee nachdachten. Sie entwickelten dabei konkrete Strategien, wie sie positive Konsequenzen erreichen und negative Konsequenzen vermeiden konnten (Lin et al., 2020).

Checkliste zur Anwendung

- Barack Obama öffnete Menschen für seine neuen Perspektiven, indem er im Rahmen seiner Kampagne „Hope" bei Menschen ein starkes Gefühl von Hoffnung weckte.
- Die hohe Bedeutung von Hoffnung im Rahmen der Gewinnung von Menschen für neue Ideen mit gewissen Risiken bestätigen auch Erkenntnisse aus der Wissenschaft.
- So zeigt eine Reihe von Studien, dass die Kombination aus Hoffnung und Angst zu einer deutlich positiveren Reaktion auf eine neue Idee führte als nur Hoffnung ohne Angst.
- Wir können diesen Effekt bei der Vermarktung einer neuen Idee nutzen, indem wir starke Gefühle von Hoffnung auslösen, die möglichen Ängsten und Bedenken entgegenwirken.

6.3   Netto-Mehrwert maximieren

Im Jahr 2022 veröffentlichte Netflix die Serie *„The Playlist"*. Sie erzählte die Geschichte vom Musik-Dienst Spotify. In einer Folge präsentierten die Programmierer von Spotify dem Gründer Daniel Ek die schnelle Ladezeit der Streaming-Plattform. Er gab einen Titel ein, drückte Play und der Song startete. Daniel gab einen zweiten Titel ein, drückte Play und der Song startete ebenfalls. Die Mitarbeiter rund um Daniel Ek reagierten mit Begeisterung. Der Gründer verzog jedoch keine Miene und sagte in einem enttäuschten Tonfall: *„Viel zu langsam"*. Der Chef-Programmierer wiess darauf hin, dass dies ein technisches Meisterwerk war. Daniel Ek konterte, dass 500 Millisekunden dennoch zu langsam waren. Der Programmierer fragte: *„Wieviel Zeit dürfen wir haben?"* Daniel Ek antwortete: *„Null"*. Die Programmierer gingen zurück an die Arbeit und reduzierten die Ladezeit noch weiter. Sie präsentierten Daniel Ek erneut das Ergebnis. Er war aber immer noch unzufrieden. Der Chef-Programmierer wiess darauf hin, dass die Ladezeit jetzt 250 Millisekunden betrug und dass das menschliche Gehirn alles unter 200 Millisekunden als direkt empfinden würde. Daniel Ek war das nicht genug und schickte die Programmierer zurück an die Arbeit. Nach einiger Zeit kamen sie mit einer neuen Lösung auf ihn zu. Er gab wieder einen Titel ein, drückte Play und der Song startete. Er wiederholte den Vorgang mit zwei weiteren Songs. Daniel Ek hielt dann kurz inne und sagte: *„Scheiße – der ist perfekt"*. Das Team reagierte mit Erleichterung.

Warum legte Daniel Ek so viel Wert auf eine Ladezeit von unter 200 Millisekunden? Warum waren 250 Millisekunden nicht genug? Die Differenz wäre doch eigentlich nichtig gewesen?

Der Gründer erläuterte in einem Interview, dass Menschen bereits auf anderen Streaming-Plattformen kostenlos Musik laden konnten. Da Menschen träge waren, musste Spotify einen deutlichen Mehrwert bieten, um sie zu einem Wechsel zu bewegen. Ein derartiger Mehrwert war eine Ladezeit von unter 200 Millisekunden. Menschen empfanden sie als direkt. Entsprechend hatten sie bei Spotify nicht mehr das Gefühl, dass sie Musik aus dem Internet laden mussten. Stattdessen hatten sie das Gefühl, dass sie alle Musik der Welt auf ihrer Festplatte hatten. Dies stellte einen deutlichen Vorteil gegenüber anderen Plattformen dar.

Wir sollten diesen Aspekt stets im Blick haben, wenn wir eine neue Idee vermarkten. In der Regel ersetzt nämlich eine neue Idee eine oder mehrere bestehende Ideen. Ein Wechsel von alt zu neu geht dabei meist mit einem gewissem Aufwand und mit gewissen Risiken einher. Menschen sind für diesen Schritt nur bereit, wenn der Mehrwert einer neuen Idee deutlich höher ausfällt als der Aufwand und die Risiken. Ansonsten verharren sie im Status quo.

Wissenschaftlicher Hintergrund Im Jahr 2002 erhielt der Psychologe Daniel Kahneman den Wirtschaftsnobelpreis für seine Forschung zur menschlichen Entscheidungsfindung. Einer seiner zentralen wissenschaftlichen Beiträge ist die Prospect Theory (Holt, 2011). Sie besagt, dass Menschen Optionen immer in Bezug zu einem Referenzpunkt bewerten. Sie verbuchen dabei alle Verbesserungen zu diesem Referenzpunkt als Gewinne und alle Verschlechterungen als Verluste (Kahneman, 2011).

Menschen nutzen dieses Vorgehen auch bei der Beurteilung neuer Ideen. Sie suchen nach einem geeigneten Referenzpunkt – typischerweise bestehende Produkte und Leistungen. Sie verbuchen alle Verbesserungen einer neuen Idee gegenüber einem Referenzpunkt als Gewinne. Sie verbuchen darüber hinaus alle Verschlechterungen gegenüber dem

Referenzpunkt als Verluste. Der tatsächliche Mehrwert einer neuen Idee erfolgt schließlich aus der Abwägung zwischen Gewinnen und Verlusten. Menschen ziehen sie nur dann in Erwägung, wenn die Gewinne deutlich höher ausfallen als die Verluste (Gourville, 2006).

Dabei kommt erschwerend hinzu, dass Menschen Verluste grundsätzlich schwerer gewichten als ebenso große Gewinne. Die Wissenschaft bezeichnet dieses Phänomen als Endowment Effekt. Ein Experiment an einer Universität zeigte, wie er wirkt. Forscher gaben einer Gruppe von Studierenden die Aufgabe, eine Tasse mit dem Logo der Universität entweder zu kaufen oder zu verkaufen. Der Kauf stellte dabei einen Gewinn dar, weil Studierende in den Besitz der Tasse kamen. Der Verkauf stellte hingegen einen Verlust dar, weil Studierende den Besitz der Tasse aufgeben mussten. Die Ergebnisse zeigten, dass die Studierenden beim Kauf der Tasse im Schnitt nur 2,87 US Dollar baten. Bei einem Verkauf verlangten die Studierenden im Schnitt jedoch 7,12 US Dollar. Die Forscher lieferten mit dieser Studie den Beweis, dass Verluste schwerer ins Gewicht fielen als Gewinne in gleicher Höhe (Kahnemann et al., 1990).

Dieser Effekt wirkt auch bei der Bewertung von neuen Ideen. Es reicht somit nicht aus, wenn Gewinne nur ein wenig höher ausfallen als Verluste im Vergleich zum Status quo. Stattdessen müssen die Gewinne von neuen Ideen die Verluste um ein Mehrfaches übersteigen. Nur so können neue Ideen den mächtigen Endowment Effekt überwinden (Gourville, 2006).

Checkliste zur Anwendung

- Der Spotify Gründer Daniel Ek legte hohen Wert auf eine Ladezeit von unter 200 Millisekunden, die Menschen das Gefühl vermittelte, dass sie die gesamte Musik der Welt auf ihrer Festplatte hatten und so ein optimales Nutzererlebnis lieferte.
- Spotify erzielte dadurch einen hohen wahrgenommenen Mehrwert im Vergleich zu etablierten Streaming-Diensten, was die Wechselbereitschaft von Menschen steigerte.
- Wir können diesen Ansatz bei der Vermarktung einer neuen Idee nutzen, indem wir sicherstellen, dass wir erhebliche Vorteile gegenüber dem Status quo bieten, die deutlich den Aufwand und die Risiken übersteigen, die mit einem Wechsel einhergehen.

6.4 Unmittelbare Anreize setzen

Die Gründer Mike Krieger und Kevin Systrom veröffentlichten Instagram am 6. Oktober 2010 im App-Store von Apple. Als soziales Netzwerk enthielt die App verschiedene Funktionen, die es Menschen erlaubten, miteinander in Verbindung zu treten und zueinander Beziehungen aufzubauen. Sie hatte zum Beispiel Nutzer-Profile, einen Feed, eine Funktion zur Anfrage von Freundschaften sowie die Möglichkeit Inhalte zu teilen. Instagram enthielt darüber hinaus einen Foto-Filter, der eine besonders einfache Bearbeitung von Aufnahmen ermöglichte. Nutzer konnten mit diesem Feature in nur wenigen Handgriffen einen Schnappschuss in Szene setzen und ein professionell wirkendes Foto gestalten (Chen, 2021).

Der Start von Instagram verlief außerordentlich erfolgreich. Die App verzeichnete bereits in der ersten Woche 1.00.000 Downloads. Diese Zahl stieg innerhalb von nur zwei Monaten auf 1000.000 an. Eine frühe Nutzeranalyse zeigte dabei, dass 65 % der Nutzer keiner anderen Person folgten. Stattdessen drehte sich anfangs die gesamte Aktivität auf der Plattform um die Bearbeitung von Fotos. Dies zeigte, dass vor allem der Foto-Filter das frühe Wachstum von Instagram antrieb. Die Nutzung als soziales Netzwerk kam erst über die Zeit. In anderen Worten: die Menschen kamen für den Foto-Filter und blieben für das Netzwerk (Chen, 2021).

Dieses Beispiel zeigt, dass eine neue Idee vor allem hohen Zulauf bekommt, wenn sie Menschen einen unmittelbaren Mehrwert bietet. Die Nutzung also sofort Früchte trägt. Wir können diesen Effekt bei der Vermarktung einer neuen Idee nutzen, indem wir einen direkten Mehrwert bieten, der Menschen von Anfang an ohne Umwege zur Verfügung steht.

Wissenschaftlicher Hintergrund Forscher führten eine Studie zu Sportgewohnheiten durch. Sie erfassten, wie oft Teilnehmer über einen Zeitraum von zehn Wochen das Fitnessstudio besuchten (Milkman et al., 2014).

Eine Gruppe von Teilnehmern durfte im Vorfeld der Studie einen Roman aussuchen, der sie besonders interessierte. Die Forscher nutzten diesen als Anreiz und stellten ihn als Audio-Book auf einem iPod im Fitness-Studio zur Verfügung. Immer wenn die Teilnehmer das Fitness-Studio besuchten, konnten sie das Audio-Book hören. Nach ihrem Training mussten sie den iPod jedoch wieder in einen Spind im Fitness-Studio schließen und zurücklassen. Eine zweite Gruppe von Teilnehmern erhielt keinerlei Anreiz (Milkman et al., 2014).

Die Ergebnisse zeigten, dass die Gruppe mit dem Anreiz im Schnitt 9-mal in den zehn Wochen trainierte, die Gruppe ohne den Anreiz nur 7,76 Mal (Milkman et al., 2014).

Checkliste zur Anwendung

- Das soziale Netzwerk Instagram konnte zu Beginn hohen Zulauf mithilfe seines Foto-Filters erzielen, der Menschen von Anfang an einen unmittelbaren Nutzen stiftete.
- Wir können diesen Ansatz bei der Vermarktung einer neuen Idee nutzen, indem wir einen unmittelbaren Mehrwert erschaffen, der Menschen ohne Umwege zur Verfügung steht.

6.5 Identifikation stiften

Das Unternehmen Salesforce konnte mit seinen innovativen CRM-Lösungen beeindruckende Wachstumsraten erzielen. Es gehört heute zu den weltweit führenden Anbietern der Branche. Eine zentrale Rolle im Rahmen der Vermarktung spielte die Stiftung von hoher Identifikation.

Hierzu kreierte das Unternehmen den Begriff *„Trailblazer"* als Bezeichnung für die Nutzer von Salesforce. Dieser zierte als Schriftzug auch die prägnante Uniform der Marke, ein schwarzer Kapuzenpullover mit Reisverschluss. Ein weiterer Baustein war die Trailblazer-Community, die Nutzern von Salesforce die Möglichkeit gab, sich zu vernetzen.

Wir können diesen Ansatz bei der Vermarktung einer neuen Idee nutzen, indem wir Menschen ebenfalls die Möglichkeit geben, mit der Idee ihre Identität auszudrücken.

Wissenschaftlicher Hintergrund Psychologen von Stanford und Harvard führten eine Befragung zu Wahlverhalten im Vorfeld der US-amerikanischen Präsidentschaftswahl im Jahr 2008 durch. Sie kreierten dabei zwei verschiedene Versionen eines Fragebogens (vgl. Abb. 6.2). Ein Fragebogen nutzte das Verb „*wählen*" im Zusammenhang mit Wahlverhalten (z. B. „*Wie wichtig ist es für Sie, dass Sie bei der kommenden Wahl wählen zu gehen?*"). Ein zweiter Fragebogen nutzte das Nomen „*Wähler*" im Zusammenhang mit Wahlverhalten (z. B. „*Wie wahrscheinlich ist es, dass sie bei der kommenden Wahl Wähler werden?*"). Die Forscher erfassten im Nachgang der Wahl die tatsächliche Wahlbeteiligung der Befragten in der Studie (Bryan et al., 2011).

Die Ergebnisse zeigten, dass der Fragebogen mit dem Nomen „*Wähler*" zu einer deutlich höheren Wahlbeteiligung führte als der Fragebogen mit dem Verb „*wählen*". Teilnehmer, die den „*Wähler*"-Fragebogen ausgefüllt hatten, gingen zu 95,5 % wählen. Teilnehmer, die den „*wählen*"-Fragebogen ausgefüllt hatten, gingen nur zu 81,8 % wählen. Dabei fanden die Forscher auch heraus, dass das Nomen „*Wähler*" höhere Identifikation mit Wahlverhalten stiftete, was zu höherer Wahlbeteiligung führte als das Verb „*wählen*" (Bryan et al., 2011).

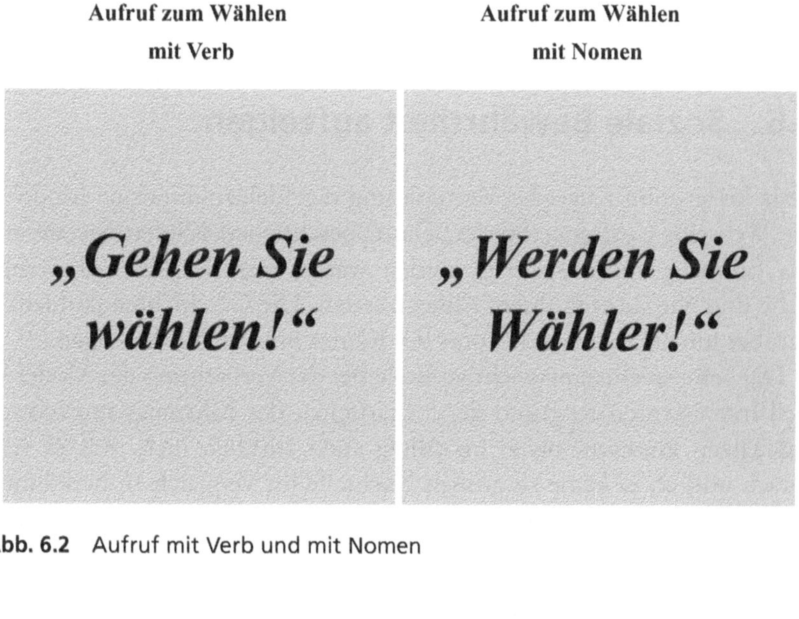

Aufruf zum Wählen	Aufruf zum Wählen
mit Verb	mit Nomen

Abb. 6.2 Aufruf mit Verb und mit Nomen

Eine andere Studie kam zu einem ähnlichen Ergebnis. Forscher zählten einer Gruppe von Kindern verschiedene Situationen auf, in denen sie „helfen" konnten. Einer zweiten Gruppe zählten die Forscher die gleichen Situationen auf, jedoch nutzten sie das Wort „Helfer". Die Kinder konnten anschließend mit einem neuen Spielzeug spielen. Nach einigen Minuten gingen die Forscher nochmals auf die Kinder zu und fragten sie um Hilfe. Die Ergebnisse zeigten, dass die Hilfsbereitschaft der Kinder deutlich höher ausfiel, wenn sie vorher das Nomen „Helfer" bei der Beschreibung von Situationen verwendet hatten (Bryan et al., 2014).

Checkliste zur Anwendung

- Der CRM-Anbieter Salesforce trieb die Verbreitung seiner innovativen Lösungen voran, indem er Nutzer „Trailblazer" nannte, einen schwarzen Kapuzenpullover mit selbiger Aufschrift als Uniform erschuf und eine globale „Trailblazer" Community aufbaute.
- Salesforce erzielte so hohe Identifikation mit seiner Marke und seinen Lösungen, was der Plattform hohen Zulauf bescherte und aktives Engagement von Nutzern förderte.
- Wir können diesen Effekt bei der Vermarktung einer neuen Idee nutzen, indem wir ebenfalls identifikationsstiftende Maßnahmen rund um die Idee kreieren.

6.6   Soziale Bewährtheit aufzeigen

Tesla kreierte im Zuge der Vermarktung der Elektrolimousine Model S die Webseite Customer Stories. Darin beschrieben Käufer, wie sie auf das Fahrzeug aufmerksam geworden waren, was sie daran überzeugt hatte und wie sie es in ihrem Alltag nutzten. Die Geschichten enthielten darüber hinaus ergänzende Fotos der Käufer mit ihren Fahrzeugen.

Die Seite spielte eine wichtige Rolle bei der Verbreitung des Model S, weil Interessenten aufgrund der Neuartigkeit des Fahrzeugs nur schwer abschätzen konnten, ob es im Alltag auch wirklich hielt, was es versprach und ob es keine zu großen Nachteile im Vergleich zu herkömmlichen Fahrzeugen mit Verbrenner hatte. Die Customer Stories räumten diese Bedenken aus, indem sie zeigten, dass andere Menschen mit dem Model S glücklich waren.

Wir können diesen Effekt im Rahmen der Vermarktung einer neuen Idee nutzen, indem wir ebenfalls Testimonials nutzen, die wir bereits erfolgreich für die Idee gewinnen konnten.

Wissenschaftlicher Hintergrund Forscher untersuchten in einer Studie, wie soziale Signale das Verhalten beeinflussen. Sie stellten in Zimmern eines Hotels Karten mit Hinweisen für die mehrmalige Benutzung von Handtüchern auf. In einer Untersuchungsgruppe wiesen die Karten darauf hin, dass mehrmaliges Benutzen von Handtüchern die Umwelt schützte. In einer zweiten Untersuchungsgruppe wiesen die Karten darauf hin, dass 75 % der Gäste des Hotels ihr Handtuch mehr als einmal nutzte. Die Ergebnisse zeigten, dass die erste Karte lediglich 35 % der Gäste überzeugte, ihr Handtuch mehrmals zu Nutzen. Die zweite Karte überzeugte 44 % der Gäste (Goldstein et al., 2008).

Die Wissenschaft bezeichnet diesen Effekt als Soziale Bewährtheit. Er besagt, dass Menschen sich in ihrem Verhalten an dem Verhalten anderer Menschen orientieren (Cialdini, 2007).

Soziale Bewährtheit spielt eine zentrale Rolle, bei der Verbreitung neuer Ideen. Dies zeigte die Forschung des Soziologen Everett Rogers. Er untersuchte in zahlreichen Studien, wie neue Lösungen und Praktiken Gesellschaften, Organisationen oder Märkte durchdrangen. Seine Untersuchungen deckten ein klares Muster auf. Zu Beginn nahmen die sogenannten Innovatoren neue Ideen auf. Sie zeichnete besonders hohe Offenheit und Neugier gegenüber allem Neuen aus. Dann folgten die Early Adopters. Sie setzten sich ebenfalls mit neuen Ideen zu einem frühen Zeitpunkt auseinander, gaben ihnen jedoch erst eine Chance, wenn sie wirklich sinnvoll erschienen. Als nächstes kam die Early Majority. Sie warteten ab und gaben neuen Ideen erst eine Chance, wenn sie sich bei genügend Early Adopters bewährt hatte. Danach kam die Late Majority. Sie akzeptierte neue Ideen erst, wenn sie einen gewissen gesellschaftlichen Druck verspürten. Als letztes kamen die Laggards. Sie griffen neue Ideen erst auf, wenn sie auch weitgehend verbreitet waren (Rogers, 2010).

Die Ergebnisse von Rogers (2010) zeigten, dass der Großteil der Menschen mit einer reservierten Haltung gegenüber neuen Ideen reagierte. Sie warteten ab, bis genügend andere Menschen den ersten Schritt gewagt hatten. Bis dahin wurden sie nicht aktiv.

Checkliste zur Anwendung

- Auf der Webseite Customer Stories erzählte Tesla die Geschichten von Käufern des Model S, die sehr zufrieden mit der Alltagstauglichkeit des Fahrzeugs waren.
- Das Unternehmen reduzierte dadurch Bedenken von Menschen, die Interesse an dem Fahrzeug hatten, jedoch nicht sicher waren, ob es auch wirklich hielt, was es versprach.
- Wir können diesen Effekt bei der Vermarktung einer neuen Idee nutzen, indem wir ebenfalls Testimonials nutzen, die wir bereits erfolgreich für die Idee gewinnen konnten.
- Wir sollten in diesem Zusammenhang auch im Blick haben, dass wir zu Beginn der Vermarktung, wenn wir noch keine Testimonials vorweisen können, den Fokus ausschließlich auf die Gewinnung von Innovatoren und Early Adopters legen sollten.
- Sie sind die einzigen Menschen, die einer neuen Idee auch dann eine Chance geben, wenn noch kein umfasser Grad an sozialer Bewährtheit vorliegt.

6.7   Skeptische Testimonials nutzen

Die Firma Gong entwickelte eine innovative Lösung im Bereich der Kundenakquise. Die digitale Plattform analysierte unterschiedliche Interaktionen zwischen einem Unternehmen und seinen Kunden. Sie lieferte auf dieser Basis Implikationen zur Steigerung von Umsätzen.

Einen wichtigen Baustein bei der Gewinnung von Nutzern für Gong stellten Kundenbewertungen auf Seiten wie zum Beispiel Gartner Peer Insights oder Trust Radius dar. Dabei fiel eine Reihe von Bewertungen auf, in denen Nutzer von Gong schrieben, dass sie zu Beginn eine gewisse Skepsis hatten, die Plattform sie jedoch letztendlich überzeugen konnte.

Diese Bewertungen mit einer negativen Einstellung vor der Nutzung und einer positiven Einstellung nach der Nutzung hatte eine starke Wirkung auf neue Interessenten von Gong. Sie zeigten, dass die innovative Lösung sogar kritische Menschen überzeugen konnte.

Wir können diesen Effekt bei der Vermarktung einer neuen Idee nutzen, indem wir gezielt Testimonials nutzen, die anfangs kritisch reagierten, dann aber ihre Meinung änderten.

Wissenschaftlicher Hintergrund Forscher führten ein Experiment zur Beurteilung neuer Ideen durch. Die Teilnehmer sollten sich vorstellen, dass sie mit einem Freund über eine neue Richtlinie im Hochschulwesen diskutierten. Dabei hatte das Experiment zwei Untersuchungsgruppen: eine Konsistenz-Untersuchungsgruppe und eine Widerspruch-Untersuchungsgruppe. In der Konsistenz-Untersuchungsgruppe wies der Freund anfangs darauf hin, dass die Richtlinie seiner Meinung nach eine gute Idee war. Zwei Wochen später bekräftigte er seine Meinung noch einmal und gab hierfür eine Reihe von Argumenten, die für die Richtlinie sprachen. In der Widerspruch-Untersuchungsgruppe wies der Freund anfangs darauf hin, dass die Richtlinie seiner Meinung nach keine gute Idee war. Zwei Wochen später änderte er jedoch seine Meinung und gab analog zur Konsistenz-Untersuchungsgruppe die gleichen Argumente für die Richtlinie. Die Ergebnisse zeigten, dass die Teilnehmer in der Widerspruch-Untersuchungsgruppe die neue Richtline deutlich stärker unterstützten (Reich & Tormala, 2013).

Die Forscher fanden auch heraus, dass dieser Effekt auftrat, weil der Widerspruch überraschend wirkte und Teilnehmer dadurch aktiv nach Beweggründen hinter dem Meinungswechsel suchten. Dies steigerte die Überzeugungskraft (Reich & Tormala, 2013).

Checkliste zur Anwendung

- Die Sales Plattform Gong profitierte in der Vermarktung von Bewertungen von Kunden, die anfangs skeptisch waren, jedoch dann infolge der Nutzung ihre Meinung änderten.
- Interessenten sahen dadurch, dass Gong sogar kritische Kunden überzeugen konnte, wodurch sie weniger Bedenken hinsichtlich der eigenen Nutzung der Plattform hatten.
- Wir können diesen Effekt bei der Vermarktung einer neuen Idee nutzen, indem wir Testimonials einsetzen, die anfangs Bedenken hatten, dann aber ihre Ansichten änderten.

6.8   Gedanken lenken

Apple strahlte im Zuge der Markteinführung des iPhones eine Reihe von Spots aus. Sie zeigten eine Hand, die das iPhone hielt. Der Hintergrund war schwarz. Eine Stimme erklärte, wie das iPhone funktionierte. Eine zweite Hand führte die dazugehörigen Gesten aus. Die Stimme sagte zu Beginn eines der Spots: „*This is how you turn it on*“. Ein Finger schob den Slider von links nach rechts und das iPhone öffnete sich. Dann sagte die Stimme: „*This is your music*“. Der Finger drückte auf das iPod-Icon auf dem Bildschirm und die Musikbibliothek iTunes öffnete sich. Er scrollte dann durch verschiedene Lieder und Alben. Die Stimme führte fort: „*This is your e-mail*“. Der Finger drückte auf das E-Mail-Icon auf dem Bildschirm und die Emails öffneten sich. Er scrollte dann durch verschiedene Emails. Als nächstes sagte die Stimme. „*This is the web*“. Der Finger drückte auf das Internet-Icon und der Browser öffnete sich. Er scrollte dann durch verschiedene Webseiten. Zum Schluss sagte die Stimme: „*And this is a call – on your iPhone*“. Ein Anruf erschien auf dem Bildschirm und der Finger nahm ihn durch Drücken auf die grüne Taste an. Eine Reihe von weiteren Spots zeigte auf die gleiche Weise verschiedene Use Cases für das iPhone.

Apple gab Menschen auf diese Weise konkrete Nutzungsszenarien an die Hand und half ihnen dabei, sich vorzustellen, wie genau sie das iPhone nutzen konnten. Apple adressierte dadurch eine zentrale Hürde bei der Vermarktung von neuen Lösungen. Wenn Menschen kein klares Bild davon haben, wie sie ein neuartiges Produkt oder einen neuartigen Service richtig nutzen können und wie konkrete Nutzungsszenarien aussehen könnten, reagieren sie mit Ablehnung. Apple wirkte dieser Problematik mit seinen anschaulichen Spots entgegen.

Wir können diesen Effekt bei der Vermarktung einer neuen Idee nutzen, indem wir die Vorstellungskraft anregen und Menschen konkrete Nutzungsszenarien an die Hand geben.

Wissenschaftlicher Hintergrund Forscher untersuchten die Wirkung unterschiedlicher Denkweisen auf die Akzeptanz von Innovationen. Sie stellten den Teilnehmern eine innovative Software für Bildbearbeitung vor, die zwar innovative Funktionen beinhaltete, jedoch einen gewissen Lernaufwand erforderte. Eine Gruppe von Teilnehmern sollte sich vorstellen, wie sie die Software in zwei Tagen nutzte. Eine zweite Gruppe sollte sich vorstellen, wie sie die Software in zwei Monaten nutzte. Die Forscher testeten in beiden Gruppen drei Untersuchungsgruppen: eine Ergebnis-Untersuchungsgruppe, eine Prozess-Untersuchungsgruppe und eine Kontroll-Untersuchungsgruppe. In der Ergebnis-Untersuchungsgruppe stellten sich die Teilnehmer vor, welches Ergebnis sie mit der Software kreieren konnten. In der Prozess-Untersuchungsgruppe stellten sich die Teilnehmer den Prozess vor, wie sie Software nutzten. In der Kontroll-Untersuchungsgruppe erhielten die Teilnehmer keine Anweisungen (Zhao et al., 2007).

Teilnehmer, die sich vorstellten, die Software in zwei Monaten zu nutzen, bewerteten sie in der Ergebnis-Untersuchungsgruppe deutlich besser als in den anderen beiden Untersuchungsgruppen. Teilnehmer, die sich vorstellten, die Software in zwei Tagen zu nutzen, bewerteten sie in der Prozess-Untersuchungsgruppe deutlich schlechter als in den anderen beiden Untersuchungsgruppen (Zhao et al., 2007).

Diese Ergebnisse zeigten, dass Menschen deutlich besser auf eine neue Lösung reagierten, wenn sie ihren Fokus auf die Ergebnisse legten, die sie damit erreichen konnten. Wenn sie den Fokus auf den Prozess der Nutzung legten, reagierten sie deutlich schlechter, da sie in diesem Fall mehr an den Aufwand dachten, den die richtige Nutzung der Lösung erforderte. Wenn die Nutzung der Lösung in der Zukunft lag, legten sie automatisch ihren Fokus auf die Ergebnisse, was tendenziell zu positiven Bewertungen führte. Wenn die Nutzung der Lösung jedoch kurz bevorstand, legten sie ihren Fokus automatisch auf den Prozess und den Aufwand der Nutzung, was tendenziell zu negativen Bewertungen führte (Zhao et al., 2007).

Checkliste zur Anwendung

- Apple kreierte im Rahmen der Vermarktung des ersten iPhones eine Reihe von Spots, die aufzeigten, wie genau Menschen die neuartige Benutzeroberfläche des Gerätes bedienen konnten und welche konkreten Nutzungsszenarien das iPhone ermöglichte.
- Wir können diesen Ansatz bei der Vermarktung einer neuen Idee nutzen, indem wir ebenfalls die Vorstellungskraft von Menschen anregen und anhand von konkreten Beispielen die richtige Bedienung sowie den daraus folgenden Nutzen veranschaulichen.

6.9   Auswahl vereinfachen

Die Konfiguration eines Fahrzeugs stellte bei vielen Herstellern heutzutage eine große Herausforderung dar. Bei Anbietern wie zum Beispiel BMW, Mercedes oder Audi müssen Menschen eine Vielzahl von Entscheidungen treffen. Von einer breiten Palette an Motoren, über vielfältige ästhetische Ausstattungsoptionen, bis hin zu umfassenden technischen Merkmalen und Funktionen. Die Möglichkeiten kennen so gut wie keine Grenzen.

Die Marke Tesla wählte jedoch einen anderen Weg bei der Vermarktung seiner innovativen Elektrofahrzeuge. Sie kreierte einen Konfigurator, in dem Menschen mit nur wenigen Klicks ihr Wunschfahrzeug zusammenstellen konnten. Bei der Limousine Model 3 gestaltete Tesla zum Beispiel einen Konfigurationsprozess, der lediglich sechs Schritte enthielt.

Dieser Ansatz spielte eine zentrale Rolle bei der Vermarktung der Fahrzeuge von Tesla. Dadurch schonte das Unternehmen die mentale Belastung von Interessenten im Rahmen von Entscheidungsprozessen. Dies reduzierte die Absprungrate im Konfigurator.

Wir können diesen Effekt bei der Vermarktung einer neuen Idee nutzen, indem wir ebenfalls auf reduzierte Auswahlmöglichkeiten und einfache Entscheidungsprozesse setzen.

Wissenschaftlicher Hintergrund Forscher führten eine Studie zu Entscheidungsverhalten durch. Sie stellten einen Probierstand für Marmelade in einem Supermarkt auf. Sie statteten den Stand entweder mit 6 oder 24 Marmeladen aus (vgl. Abb. 6.3). Gegenstand der Studie war die Kauf-Rate der Marmeladen. Die Ergebnisse zeigten, dass zwar deutlich mehr Kunden in der Untersuchungsgruppe mit 24 statt 6 Marmeladen Halt machten (40 % vs. 20 %). Die Kauf-Rate viel jedoch bei 6 Marmeladen mit 30 % deutlich höher aus als bei 24 Marmeladen mit 3 % (Iyengar & Lepper, 2000).

Eine andere Studie lieferte ein ähnliches Ergebnis. Teilnehmer sahen zuerst eine Suchanfrage auf Google. Anschließend sahen sie eine Reihe von Links, welche Google dazu gefunden hatte. Die Teilnehmer sollten dann den Link auswählen, der ihrer Meinung nach am besten zur Suchanfrage passte. In einer Untersuchungsgruppe waren 6 Links das Ergebnis, in einer zweiten Untersuchungsgruppe waren es 24 Links. Die Studie zeigte, dass die Teilnehmer bei 6 Links deutlich zufriedener mit ihrer Wahl waren. Bei 24 Links fiel die Zufriedenheit hingegen niedriger aus, weil die große Auswahl die Teilnehmer überforderte (Oulasvitra et al., 2009).

Diese Studien wiesen nach, dass eine zu große Auswahl anstrengend wirken kann. In einer solchen Situation können Menschen von einer

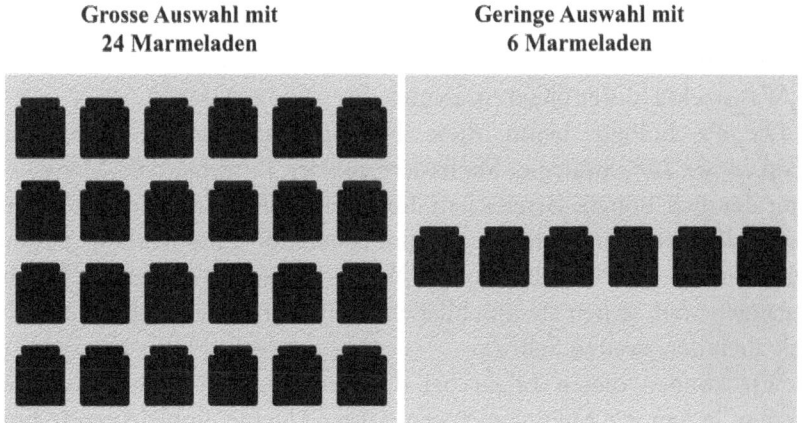

Abb. 6.3 Geringe und große Auswahl

Entscheidung zurückschrecken. Innovative Lösungen verschärfen diesen Effekt, da die Verarbeitung neuer Dinge für das menschliche Gehirn ohnehin anstrengend ist und sie grundsätzlich mit mehr Unsicherheiten einhergehen.

Checkliste zur Anwendung

- Tesla förderte die Verbreitung seiner innovativen Elektrofahrzeuge mithilfe von einem einfachen Konfigurator, in dem Menschen nur wenige Entscheidung treffen mussten.
- Dieser minimierte die mentale Belastung von Interessenten bei der Zusammenstellung von Fahrzeugen und reduzierte dadurch die Absprungrate in Entscheidungsprozessen.
- Wir können diesen Effekt bei der Vermarktung einer neuen Idee nutzen, indem wir ebenfalls auf reduzierte Wahlmöglichkeiten und einfache Entscheidungsprozesse setzen.

6.10 Den Fuß in die Tür bekommen

Im Jahr 2016 stellte Tesla das innovative Elektroauto Model 3 vor. Menschen konnten es direkt vorbestellen. Diesen Prozess zeichnete ein besonderes Merkmal aus. Interessenten mussten lediglich eine sehr geringe Anzahlung von nur 100 US Dollar machen. Dies war ein besonders kleiner Betrag im Vergleich zu dem Kaufpreis von mehreren 10.000 US Dollar.

Was steckte hinter dieser Strategie?

Die Psychologie nennt diese Herangehensweise die sogenannte „Fuß in die Tür"-Strategie. Sie basiert auf der Tatsache, dass Menschen eine deutlich höhere Bereitschaft für eine große Entscheidung zeigen, wenn sie zuerst eine sehr kleine, unbedeutende Entscheidung treffen. Diese bringt den Stein ins Rollen. Wenn Menschen den ersten Schritt gegangen sind, gehen sie anschließend mit sehr hoher Wahrscheinlichkeit auch den zweiten Schritt.

Wir können diesen Effekt bei der Vermarktung einer neuen Idee nutzen, indem wir Menschen zuerst vor eine kleine, unbedeutende Entscheidung stellen, die den Stein ins Rollen bringt.

Wissenschaftlicher Hintergrund Forscher untersuchten in einer Studie, wann Menschen auf ein Anliegen eingehen. Sie besuchten hierzu Haushalte in Palo Alto, Kalifornien. Die Studie beinhalte zwei Untersuchungsgruppen: eine „*Fuß in die Tür*"-Untersuchungsgruppe und eine Kontroll-Untersuchungsgruppe (Freedman & Fraser, 1966).

In der „*Fuß in die Tür*"-Untersuchungsgruppe gingen die Forscher auf die Haushalte zuerst mit einem kleinen Anliegen zu. Beispielsweise baten sie um eine Unterschrift für eine Petition für Sicherheit im Straßenverkehr. Zwei Wochen später kamen sie noch einmal mit einem größeren Anliegen. Dabei sollten die Haushalte ein großes Schild mit der Aufschrift „*Fahren Sie vorsichtig!*" in ihrem Garten aufstellen (Freedman & Fraser, 1966).

In der Kontroll-Untersuchungsgruppe ließen die Forscher das kleine Anliegen aus. Sie gingen direkt mit dem großen Anliegen auf die Haushalte zu und baten sie gleich beim ersten Kontakt, das große Schild in ihrem Garten aufzustellen (Freedman & Fraser, 1966).

Die Ergebnisse zeigten, dass 55 % der Haushalte in der „*Fuß in die Tür*"-Untersuchungsgruppe das Schild aufstellten, in der Kontroll-Untersuchungsgruppe jedoch nur 22 % (Freedman & Fraser, 1966).

Eine andere Studie kam zu einem ähnlichen Ergebnis. Forscher verteilten Stempelkarten an einer Waschstraße. Autofahrer mussten acht Stempel sammeln, dann bekamen sie eine Autowäsche umsonst. Die Stempelkarte hatte in einer Untersuchungsgruppe acht leere Felder. In einer zweiten Untersuchungsgruppe hatte die Stempelkarte zwei bereits gestempelte Felder und ebenfalls acht leere Felder. Die Ergebnisse zeigten, dass 19 % der Fahrer alle acht Stempel sammelten, wenn die Stempelkarte nur acht leere Felder hatte. Diese Zahl stieg auf 34 % an, wenn die Stempelkarte zwei vorgestempelte und acht leere Stempel hatte (Nunes & Drèze, 2006).

Beide Studien zeigten, dass Menschen ein Vorhaben deutlich eher in die Tat umsetzen, wenn sie zuerst einen kleinen Schritt machen oder wenn sie das Gefühl haben, dass sie bereits einen Schritt hinter sich gebracht haben. Sie lassen sich so auch eher auf größere Vorhaben ein.

Checkliste zur Anwendung

- Tesla verlangte im Rahmen der Vermarktung des Elektrofahrzeugs Model 3 im ersten Schritt nur eine kleine Anzahlung von lediglich 100 US Dollar von interessierten Kunden.
- Hinter dieser Herangehensweise steckte die sogenannte *„Fuß in die Tür"*-Strategie, nach der Menschen deutlich eher eine größere Entscheidung treffen, wenn sie zuerst eine kleine, unbedeutende Entscheidung getroffen haben, die den Stein ins Rollen brachte.
- Wir können diesen Effekt bei der Vermarktung einer neuen Idee nutzen, indem wir anfangs nur einen kleinen Schritt von Menschen verlangen, keine große Entscheidung.

6.11 Dringlichkeit wecken

Nike führte im Jahr 2012 den Fitnesstracker Nike + Fuelband ein. Das Unternehmen beauftragte hierzu den Filmemacher Casey Neistat. Er sollte mit dem Video breite Aufmerksamkeit und breites Interesse für das neue Gerät erzeugen. In Anlehnung an die Grundidee des Zählens kreierte Neistat ein Video mit dem Titel *„Make It Count"*. Das Video zeigte zu Beginn die Verpackung des Fuelbands. Zwei Hände packten es aus. In der Packung stand der Schriftzug: *„LIFE IS A SPORT. MAKE IT COUNT"*. Als nächstes zeigte das Video Casey Neistat, wie er sein New Yorker Apartment verlies. Dann erschien der Text:

> *„Nike asked me to make a video about what it means to #makeitcount. Instead of making their movie I spent the entire budget traveling around the world with my friend Max. We'd keep going until the money ran out. It took 10 days."*

Der Rest des viereinhalbminütigen Videos handelte von Neistat und Max wie sie zahlreiche Orte bereisten. So zum Beispiel Paris, Kairo, London, Johannesburg, Sambia, Nairobi, Rom, Doha oder Bangkok. Das Nike + Fuelband tauchte jedoch kein weiteres Mal mehr auf.

Dennoch verhalf das Video dem Fuelband zu großem Erfolg. Es erhielt auf YouTube über 32 Mio. Ansichten. Laut dem ehemaligen

CMO Greg Hoffman konnte Nike mit dem Video wahrscheinlich einen der höchsten Marketing-ROIs der Unternehmensgeschichte einfahren.

Eine tragende Rolle spielte dabei ein besonderes Merkmal des Videos. Es enthielt eine Reihe von Zitaten berühmter Persönlichkeiten zum wahrscheinlich wertvollsten Gut: Zeit.

„Life is either a daring adventure or nothing at all." – *Helen Keller*
„Buy the ticket, take the ride." – *Hunter S. Thompson*
„You only live once but if you do it right once is enough" – *Mae West*
„Above all, try something." – *Franklin D. Roosevelt*
„I never worry about the future. It comes soon enough." – *Albert Einstein*
„One who makes mistakes makes nothing at all." – *Giacomo Casanova*
„Do one thing everyday that scares you." – *Eleanor Roosevelt*
„If I'd followed all the rules I'd never have gotten anywhere." – *Marilyn Monroe*
„Action expresses priority." – *Gandhi*

Das Video löste dadurch ein unterschwelliges Gefühl von Dringlichkeit bei Menschen aus und förderte auf diese Weise das Adoptionsverhalten rund um das Nike + Fuelband.

Wir können diesen Effekt bei der Vermarktung einer neuen Idee nutzen, indem wir ebenfalls ein Gefühl der Dringlichkeit wecken. Wir können einerseits den Zugang zur Idee zeitlich begrenzen. Wir können andererseits aufzeigen, warum jetzt die Zeit ist, um zu handeln.

Wissenschaftlicher Hintergrund Forscher untersuchten in einer Studie, wie Menschen Prioritäten setzen. Die Teilnehmer sollten in fünf Minuten fünf Produkte bewerten. Dabei konnten sie zwischen zwei Optionen wählen. Teilnehmer erhielten bei Option A jeweils 6 Punkte pro Bewertung. Sie erhielten bei Option B jeweils 10 Punkte pro Bewertung. Die Forscher informierten eine Gruppe von Teilnehmern zusätzlich, dass die Optionen unterschiedliche Verfallszeiten hatten. Die Verfallszeit von Option A lag bei 10 min und von Option bei 24 h. Die Ergebnisse zeigten, dass ohne Verfallszeiten nur 13 % der Teilnehmer die schlechtere Option A wählte. Mit Verfallszeiten stieg die Wahl von Option A dagegen auf 31 % (Zhu et al., 2018).

Die Forscher zeigten dadurch, dass ein Gefühl von Dringlichkeit starken Einfluss auf Entscheidungsverhalten hat. Dabei trat dieser Effekt in dem Experiment sogar auf, obwohl gar keine tatsächliche Dringlichkeit bestand. Die Bewertung der Produkte in der Studie dauerte lediglich 5 min, während die Verfallszeit der dringlichen Option 10 min betrug. Dennoch beeinflusste der scheinbare zeitliche Druck die Wahl der Optionen.

Checkliste zur Anwendung

- Nike weckte ein unterschwelliges Gefühl der Dringlichkeit bei der Einführung des Nike+Fuelbands und trieb dadurch die Verbreitung des neuartigen Fitnesstrackers voran.
- Wir können diesen Effekt im Rahmen der Vermarktung einer neuen Idee nutzen, indem wir ebenfalls ein Gefühl von zeitlichem Druck rund um die Idee wecken.
- Wir können einerseits die Verfügbarkeit der Idee zeitlich begrenzen oder andererseits aufzeigen, warum genau jetzt der Zeitpunkt ist, um aktiv zu werden und zu handeln.

Literatur

Bryan, C. J., Master, A., & Walton, G. M. (2014). „Helping" versus „being a helper": Invoking the self to increase helping in young children. *Child Development, 85*(5), 1836–1842.

Bryan, C. J., Walton, G. M., Rogers, T., & Dweck, C. S. (2011). Motivating voter turnout by invoking the self. *Proceedings of the National Academy of Sciences, 108*(31), 12653–12656.

Chen, A. (2021). *The cold start problem: Using network effects to scale your product*. Random House.

Cialdini, R. B., & Cialdini, R. B. (2007). *Influence: The psychology of persuasion* (Bd. 55, S. 339). Collins.

Freedman, J. L., & Fraser, S. C. (1966). Compliance without pressure: The foot-in-the-door technique. *Journal of Personality and Social Psychology, 4*(2), 195.

Goldstein, N. J., Cialdini, R. B., & Griskevicius, V. (2008). A room with a viewpoint: Using social norms to motivate environmental conservation in hotels. *Journal of Consumer Research, 35*(3), 472–482.

Gourville, J. T. (2006). Eager sellers and stony buyers: Understanding the psychology of new-product adoption. *Harvard Business Review, 84*(6), 98–106.

Harris, A. (2017). How Wealthfront is Trying To Make Its Robo-Advisor Feel More Human, Fast Company, June, 15, 2017.

Holt, J. (25. November 2011). Two Brains Running. The New York Times.

Iyengar, S. S., & Lepper, M. R. (2000). When choice is demotivating: Can one desire too much of a good thing? *Journal of Personality and Social Psychology, 79*(6), 995.

Kahneman, D. (2011). *Thinking, fast and slow*. Farrar.

Kahneman, D., Knetsch, J. L., & Thaler, R. H. (1990). Experimental tests of the endowment effect and the Coase theorem. *Journal of POLITICAL ECOnomy, 98*(6), 1325–1348.

Lin, Y. T., MacInnis, D. J., & Eisingerich, A. B. (2020). Strong anxiety boosts new product adoption when hope is also strong. *Journal of Marketing, 84*(5), 60–78.

Milkman, K. L., Minson, J. A., & Volpp, K. G. (2014). Holding the hunger games hostage at the gym: An evaluation of temptation bundling. *Management Science, 60*(2), 283–299.

Nunes, J. C., & Dreze, X. (2006). The endowed progress effect: How artificial advancement increases effort. *Journal of Consumer Research, 32*(4), 504–512.

Reich, T., & Tormala, Z. L. (2013). When contradictions foster persuasion: An attributional perspective. *Journal of Experimental Social Psychology, 49*(3), 426-439.

Rogers, E. M. (2010). *Diffusion of innovations*. Simon and Schuster.

Schroll, R., Schnurr, B., & Grewal, D. (2018). Humanizing products with handwritten typefaces. *Journal of Consumer Research, 45*(3), 648–672.

Oulasvirta, A., Hukkinen, J. P., & Schwartz, B. (2009, July). When more is less: The paradox of choice in search engine use. In *Proceedings of the 32nd International ACM SIGIR Conference on Research and Development in Information Retrieval* (S. 516–523).

Zhao, M., Hoeffler, S., & Zauberman, G. (2007). Mental simulation and preference consistency over time: The role of processversus outcome-focused thoughts. *Journal of Marketing Research, 44*(3), 379–388.

Zhu, M., Yang, Y., & Hsee, C. K. (2018). The mere urgency effect. *Journal of Consumer Research, 45*(3), 673–690.

Schlusswort

Das vorliegende Buch bietet einen Überblick über psychologisch fundierte Ansätze zur Gewinnung von Menschen für neue Ideen. Sie können eine wichtige Rolle für die erfolgreiche Vermarktung von neuen Produkten und Geschäftsmodellen in einem breiten Spektrum an Branchen spielen. Je gezielter wir sie einsetzen, desto höher die Wahrscheinlichkeit, dass wir mit neuen Angeboten hohe Resonanz in Märkten erzielen und starke Nachfrage auslösen.

Die Ansätze beschränken sich dabei nicht nur auf die externe Vermarktung, sondern können auch bei der internen Vermarktung von neuen Ideen in Organisationen hilfreich sein. Sie können somit einen wichtigen Treiber für die Innovationskraft von Unternehmen darstellen. Denn: je besser Mitarbeiter ihre Kollegen für neue Ideen gewinnen können, desto eher erfolgt deren Umsetzung in die Praxis. Die Folge ist ein deutlich höherer innovativer Output.

© Der/die Herausgeber bzw. der/die Autor(en), exklusiv lizenziert an Springer Fachmedien Wiesbaden GmbH, ein Teil von Springer Nature 2023
D. Vogt, *Menschen für neue Ideen gewinnen*,
https://doi.org/10.1007/978-3-658-42303-2

The manufacturer's authorised representative in the EU is Springer
Nature Customer Service Centre GmbH, Europaplatz 3, 69115 Heidelberg,
Germany. If you have any concerns regarding our products, please
contact ProductSafety@springernature.com

Printed and bound by CPI Group (UK) Ltd, Croydon, CR0 4YY
24/04/2026
02096351-0005